数字经济
系列教材

数字治理概论

Introduction to
Digital Governance

周佳雯　著

复旦大学出版社

前言 PREFACE

随着第四次工业革命的深入推进,大数据、人工智能、区块链等前沿技术正深刻重塑着国家治理的轮廓。这些技术如同潮水般涌来,不仅对传统政府治理模式构成挑战,更推动了政务信息化和信息公开的边界不断拓展。在这个数字化加速的时代,公众对于政务透明度和参与度的期待日益增长,他们更加关注知情权、表达权以及在公共治理中的参与机会。因此,为了适应时代的发展和满足治理的新需求,党的十八届三中全会明确提出了推进国家治理体系和治理能力现代化的战略目标,将其作为全面深化改革的核心任务。

在人类文明的漫长历程中,技术始终是经济社会发展的重要推动力。进入数字时代,数据驱动的数字治理正成为全球数字化转型的强大引擎。数字技术不仅开辟了解决治理难题的新路径,更提供了创新的方法和工具。如何有效利用大数据、人工智能等数字技术,提升社会治理的现代化水平,更好地服务于经济社会的发展和人民生活的改善,已成为我们面临的重要时代课题。

序言 | FOREWORD

在数字化浪潮汹涌澎湃的今天,数字治理已成为国家治理体系和治理能力现代化的重要组成部分。随着大数据、人工智能、区块链等前沿技术的迅猛发展,数字治理正在以前所未有的方式重塑政府治理模式,提升社会治理效能,深刻影响社会经济生活的方方面面。

《数字治理概论》一书正是在这样的背景下应运而生的。本书旨在系统阐述数字治理的基本概念、理论内涵、发展历程、特征优势,以及其在各个领域的应用与实践。本书通过深入剖析数字治理的核心理念和技术支撑,为读者呈现一个全面而深入的数字治理图景。

在编写过程中,我们力求做到理论与实践相结合,既阐述数字治理的理论基础,又探析其在宏观调控、市场监管、城乡治理、公共服务等多个领域的应用实践。同时,我们还特别关注了数字治理面临的挑战和问题,如数据安全和隐私保护、数字鸿沟、技术标准和规则的不统一等,并探讨了相应的解决方案。

由衷地感谢我的父亲周国荣先生和我的母亲叶静华女士。在记忆中的所有时刻,他们尽可能地支持我一切的学习需求,以平凡的身躯替我遮风挡雨,让我得以安心求学。一路上,站在他们的肩膀,我看到了比他们领略过的更广阔的世界,接触到了更遥远的天空。谢谢你们,爸爸妈妈。

希望本书能够为读者提供有益的参考和启示,为推动数字治理的发展贡献一份力量。

目录 CONTENTS

第一章　数字治理的基本概念与理论内涵 ······ 1
 第一节　数字治理的基本概念 ······ 1
 第二节　数字治理的理论与发展历程 ······ 3
 第三节　数字治理的特征与优势 ······ 8

第二章　数字治理的基本问题 ······ 12
 第一节　数字治理发展的时代背景 ······ 12
 第二节　数字治理的内涵与范式演进 ······ 16
 第三节　数字治理的应用场景与实践 ······ 19
 第四节　数字治理的分析框架 ······ 23
 第五节　数字治理的价值理念 ······ 26

第三章　新时代数字治理体系创新 ······ 29
 第一节　基于新空间规则博弈的全球治理 ······ 29
 第二节　面向新业态风险挑战的平台治理 ······ 33
 第三节　应对新智能价值挑战的算法治理 ······ 41

第四章　数字治理的重点领域 ······ 47
 第一节　数据治理 ······ 47

第二节　数据的交易和共享 …………………………………… 56
　　第三节　人工智能伦理和算法治理 …………………………… 59
　　第四节　网络安全治理 ………………………………………… 64
　　第五节　竞争政策和反垄断 …………………………………… 68
　　第六节　数字知识产权保护 …………………………………… 71

第五章　数字治理参与 ……………………………………………… 76
　　第一节　数字治理参与的特点 ………………………………… 76
　　第二节　数字治理参与方式 …………………………………… 78

第六章　数字治理工具 ……………………………………………… 81
　　第一节　数字治理工具的内涵与特点 ………………………… 81
　　第二节　数字治理工具的类型与标准 ………………………… 84
　　第三节　数字治理工具的选择 ………………………………… 87

第七章　数字治理评价 ……………………………………………… 90
　　第一节　数字治理评价的意义 ………………………………… 90
　　第二节　数字治理评价的基本内容 …………………………… 92
　　第三节　数字治理评价的程序 ………………………………… 95

第八章　国内数字治理的多元探索与实践 ………………………… 98
　　第一节　数字治理与创新驱动构建人民城市 ………………… 98
　　第二节　数字化赋能营商环境高质量发展 …………………… 105
　　第三节　数字协同共治体系建设 ……………………………… 108
　　第四节　数实融合解锁智能社会 ……………………………… 116
　　第五节　资源环境领域的数字治理 …………………………… 124
　　第六节　市域治理与社区治理探索 …………………………… 130

后　记 ………………………………………………………………… 134

第一章

数字治理的基本概念与理论内涵

第一节 数字治理的基本概念

一、数字治理的定义

数字治理源于信息技术的发展与实践,其理论内涵随着技术进步与社会互动的深化而不断演化,体现了治理哲学、体制、机制与技术的有机融合。它代表了现代信息技术在政府治理领域的革新应用,旨在通过数字化手段对城市的物理结构及其经济社会活动进行再现与理解,通过对人流、交通流、资金流等关键信息的感知、处理和分析,来提升现有治理结构的效率和效能。数字治理超越了单纯的数字化转型,它的核心在于智能化的实现。从执行主体的角度看,数字治理追求的是智能化、自我驱动和高效的实时功能;而从治理对象的角度看,它旨在解决便捷性、效率、连通性和公平性等关键问题。因此,数字治理本质上是一个系统科学问题,更倾向于智能化治理。

数字治理在狭义上主要关注提升政府内部管理效率和对外公共服务的透明度,与数字政府的概念相近;而广义上的数字治理则更为深远,它不仅融合了技术与公共管理,还从发展的、动态的视角审视政府、社会、企业间的相互关系,体现了服务型政府和善治政府建设的理念,是一种集思广益、共同参与、共享成果的治理模式。广义数字治理不仅包含了狭义内容,还将数字技术扩展应用于政府、企业、社会公众等多个主体,旨在扩大公众参与、优化政策制定、提升公共服务水平。

由此,数字治理可以定义为政府采用数字化手段推进数据共享和政务公开的治理方式。在此基础上,数字治理可以利用数字化手段全面评估政府行政行为的效果,运用有效的数据分析方法提高政策和措施的评估精度,以辅助政府做出符合公共利益的决策。简而言之,数字治理通过数字化和智能化的手段,增强社会治理的科学性、透明度、民主性、多元性和包容性,从而有效提升社会治理的整体效能。

二、数字治理的基本内涵

数字治理是依托数字技术运用而进行的参与、互动与合作,构建融合信息技术与多元主体参与的一种开放多元的社会治理体系。在不同的主体和视角下,数字治理的范畴和内涵有所差异。其中,还涉及一系列与数字治理紧密相关的概念。如数字主权是选择、促生、获取、应用、利用数字技术、数据、基础设施的能力和自由;数据主权则是国家对本国数据进行管理和利用的独立自主性,包括所有权与管辖权;数据治理涵盖政策、流程、责任与管控方式,也涉及数据全生命流管理各环节,目的包括数据价值提升与风险防控。

就治理对象而言,对数字治理包括纵向和横向两个维度。纵向既包括物理空间,又包括网络空间;横向包括数字技术、数字基础、数字经济、数字社会数字政府等不同领域。就治理结构而言,不同议题因互联网所搭建的网络结构而形成相互影响的有机整体,并体现为不同层次、不同议题、不同生态、不同系统间的耦合。就治理目标而言,数字治理任务不但是对当前数字秩序的维护,而且要着眼于数字化转型的长远发展,通过理念提出与战略规划,促进数字化转型向信息社会有序、有力迈进。

从国际层面来看,数字治理包括全球数字合作及竞争(跨境贸易、国际公约);从国家层面来看,数字治理的重点是数字/数据主权及安全;从地方/区域层面出发,数字治理是数字化治理及数字化改革;从行业层面来看,数字治理是对行业层面的数据监管及数字化转型升级;而站在企业的视角上,数字治理是企业内部的数据管理和开发利用。

第二节　数字治理的理论与发展历程

一、数字治理的理论发展

数字治理的概念起源于 20 世纪 90 年代。通信技术在日益改变经济社会生活后进入人们的视野，在电子商务、电子政务等概念出现后，学界需要一个新的概念来描述数字时代全新的治理模式。针对新公共管理运动带来的碎片化问题，整体性理论应运而生，代表人物佩里·希克思（Perri Six）认为，未来的治理需要政府部门进行纵向层级整合、横向功能整合及公私部门整合。

数字技术在治理领域的实践给整体性理论提供了实践可能，二者作为实践基础和理论支撑共同催生了数字治理概念的产生。迈克尔·巴库斯（Michael Bakus）认为，数字治理包括广义和狭义两个部分。从广义上来说，数字治理指的是电子技术支持下的整个社会运行和组织的形式，包括对经济社会资源的综合治理；从狭义上来说，数字治理指的是政府与经济社会的互动，以及政府内部运行中运用电子技术来易化政府行政，提高民主程度。从帕特里克·邓利维（Patrick Dunleavy）《数字时代的治理》提出网络等信息技术的发展是推动数字时代政府治理的重要力量；到米歇尔·巴克斯（Michiel Backus）区分了政治权力和社会权力重构的广义数字治理范畴，以及信息技术提升经济及政府治理的狭义数字治理定义；再到马克·霍哲（Marc Holzer）和金尚泰（Seang-Tae Kim）指出的数字治理的多元角色定位，包含数字政府和数字民主（如公民参与治理），以及数字技术赋能治理框架多元化，这三者构建了现代数字治理理论的"铁三角"（见表 1-1）。

国内对于数字治理概念的研究最早出现于 2004 年，徐晓林、周立新讨论了通过数字技术改变政府、企业、社会的互动，进而促进政府善治，并构建了数字治理与善治的相关理论体系。竺乾威于 2008 年在《从新公共管理到整体性治理》一文中系统介绍了整体性治理理论，并在《公共行政理论》一书中介绍了帕特里克·

表 1-1 数字治理理论体系、代表理论与派别

	第 一 代	第 二 代	第 三 代
时间	1989—1997 年	1997—2006 年	2006 年至今
理论体系	公关管理与小政府统治（管理、统治 VS 治理）	整合主义治理理论	信息技术治理理论（重点强调新的信息技术，如移动互联网技术、智能技术、云计算技术）
		治理的实质是强调治理的机制，这些机制不再依赖政府的权威或强制，而是平等多元主体的互动，以及行动主体间的相互影响	
代表理论	公共治理、民主治理	整体性治理、参与式治理、协同治理	数字时代治理、网络治理、新公共治理、合作治理
派别	新公共管理治理、没有政府的治理	治理的兴起；公众为中心、政府体制机制创新、整体主义、也开始重视信息技术；整体性治理理论为数字时代治理理论的发展奠定了深厚的理论基础	
	公共管理的衰微→信息技术的发展		

邓利维关于数字治理理论的观点。之后，国内公共管理学界对该理论的关注度有所提高。国内数字治理的早期研究侧重信息技术手段的应用，研究普遍存在"轻理论、重应用"的现象，并且关注视角有限，通常和电子政务、电子治理等技术治理手段相关联，具有明显的技术导向性；后期研究则侧重理论的比较，数字治理应用的总结与反思，以及数字治理体系的构建。越来越多的学者注意到数字治理在不同语境下的不同内涵，指出数字治理通常有两层含义：一层是"对数字治理"，另一层是"用数字治理"。前者意味着数字化带来的新的经济增长，使得经济生产和社会组织形式都发生了新变化，这种新变化所带来的治理挑战需要公共管理学科积极应对；后者意味着社会治理、政府管理可以借助数字技术加以改善，这对公共管理学科提出新的要求。

二、数字治理的发展历程

互联网技术的不断发展及其对人类生活的多样化渗透不断扩充着数字治理的内涵,从互联网治理、网络空间治理到全球数字治理的演进是一个历史的进程,也是一种新的治理机制创新。早期的互联网治理活动集中于互联网关键资源的管理;进入网络空间后,互联网的社会属性被放大,国家不仅开始意识到互联网关键资源的战略意义,也将国家安全与网络安全相结合,主权国家以及拥有网络安全能力的科技企业成为网络空间治理的主要行为主体;随着数字经济对社会发展的影响力更加凸显,以数字经济开启的安全与发展并重的治理议题成为当前全球数字治理的重点。有必要对互联网治理到网络空间治理、再到数字空间治理的演进脉络进行一个系统梳理,这样将更加有利于认清互联网对人类社会带来的冲击并能做出更积极的应对。

(一)互联网治理

互联网作为一项技术,自从 1969 年开发出阿帕网(APARNET),到 20 世纪 70 年代中期传输控制协议和互联网协议(TCP/IP)的发明,其早期治理活动主要是对互联网相关资源的协调与管理,核心在于互联网基础架构和协议的界定与操作。治理主体由技术社群主导,1983 年由参与 APARNET 项目的技术人员创立的互联网行动委员会(Internet Architecture Board, IAB,后更名为互联网架构委员会)为互联网的发展提供长期的技术方向。1986 年建立了开发互联网协议草案的互联网任务工作组(The Internet Engineering Task Force, IETF)。1992 年为从法律层面保护互联网技术社群成果而创立了私有的、非营利的国际组织互联网协会(Internet Society, ISOC)。1998 年成立的互联网名称与数字地址分配机构(The Internet Corporation for Assigned Names and Numbers, ICANN),在互联网关键资源管理与分配中占据着核心地位,被称为掌握网络空间封疆权的主体。在以上为代表的技术社群的互联网治理活动中,强调对关键互联网资源、互联网协议设计知识产权、网络安全管理及通信权的治理。技术社群的互联网治理门槛较高,参与人员需要具备技术专业知识,但同时技术社群以个人主体参与的方式组织治理活动,更为灵活和高效。

20世纪90年代,互联网商业化和互联网网民用户普及率大大提升,互联网开始逐渐嵌入人们的社会经济活动。对于互联网治理工作也在联合国框架下的世界信息峰会(World Summit on the Information Society,WSIS)进程中逐步程序化。首先,2003年的WSIS日内瓦进程成立互联网治理工作组(Working Group on Internet Governance,WGIG),将互联网治理正式纳入WSIS的关键问题;其次,2005年的WSIS突尼斯进程首次明确了互联网治理的定义、议题和工作内容。由此,互联网治理开启了多利益攸关方共同参与的政策制定和实践。

进入21世纪后,互联网技术应用产生的问题成为驱动互联网治理的关键动力。2005年,WGIG的报告确定了四项互联网治理的主要领域,分别是与基础设施和关键互联网资源相关的问题、与互联网使用有关的问题(如垃圾邮件、网络安全、网络犯罪)、与互联网相关以及与发展相关的问题(如知识产权、国际贸易、特别是发展中国家的能力建设)。从这四项主导性议题可以看出,互联网诞生开始前30年的发展中,其治理主体从具备技术优势的技术社群扩展到非技术人员,治理议题从聚焦保障全球互联网稳定运转扩展到促进社会和发展领域,治理机制从参与门槛较高的社群组织到以IGF(Internet Governance Forum,联合国互联网治理论坛)为代表的开放式多利益攸关方参与平台,互联网治理活动的内涵与实践在不同程度上得到扩充。

(二) 网络空间治理

互联网的诞生源于军事需求,互联网的"空间化"认知也最早由军事领域率先提出。2000年,美国军方首先开始将网络空间作为海、陆、空、天之外的第五空间,但此时的网络空间认知仍然强调IT基础设施的相互依赖性、承认网络空间的存在,并未充分阐明网络空间的互联性。然而,推动网络空间概念内涵不断充盈的动力正是互联网的连接性带来的影响,连接性是形成互联网终端点到线、线到面、面到网络立体空间的关键要素。

网络空间是互联网发展到高度普及阶段后出现的人类社会现象和世界新空间。网络空间的形成对以信息传播为基础的所有领域都将产生影响,打破了世界信息与传播旧格局,网络空间发生了从单层到立体的转变。在这个阶段,互联网已经不仅仅是信息传输的工具,而是把世界范围的信息传输系统、信息内容、经济与生活、国家与个人等多元纷杂的主体都连接起来,连接着地球上绝大部分的信息终端,形成一个实时互动的全球性信息沟通大系统。这个大系统将时间和空间高度压缩,具备的社会属性愈发浓重,网络空间与物理空间的同态映射和相互影响的作用被深入认识。

网络空间的治理活动也从互联网治理阶段的技术驱动型转变为影响驱动型,其影响包括政治、经济和社会层面的公共政策和安全领域,治理内涵更加层次化和体系化。网络空间带来的全面性影响形成了一种大格局,这种格局中充斥着网络空间的物理结构以及网络空间的制衡结构,承载着更多的权力博弈。在权力博弈中,主权国家成为参与者,以安全为基础的权力诉求成为首要博弈领域。从而在互联网治理向网络空间治理的演进过程中,网络安全议题起到关键作用。

军事领域对互联网空间化的感知促进了网络安全议题与国家安全战略的融合。特别是 2007 年爱沙尼亚首次遭受大规模网络攻击之后,被视为第一场"网络战"的攻击行为让此前军事层面的网络空间概念得到实践,网络病毒对国会、政府部门、金融和媒体网站的攻击对民用基础设施造成巨大损失,网络安全上升至各国国家战略高度,网络空间安全成为一项新的全球议程,甚至一度作为互联网治理的一个子议题的网络安全议题侵蚀了互联网治理的主要内容。

网络攻击者的匿名性、网络攻击溯源难、网络攻击范围广等特点使网络空间完全自治难以奏效,政府参与网络空间治理变得必要。由此,传统国家间的政治博弈也渗入网络空间治理中。一方面是国家间的数字竞争能力,如基于数据主权的能力竞争已经成为当下国家间能力竞争的前沿;另一方面是数字规则制定的主导能力,体现在规范国家和非国家行为体的网络行为、传统主权国家原则在网络空间的适用性、分配网络核心资源、支撑技术与标准和塑造网络权力等方面的规则制定。总体而言,网络空间治理中网络安全议题成为推动其治理进程的主力,网络空间的社会属性不断加强,治理内涵的体系性逐渐形成。

(三) 全球数字治理

网络安全议题的推动形成了网络空间治理,数字经济议题的推动则形成了当下的全球数字治理。2018 年前后,中国、美国、德国、法国等国家的数字经济占 GDP 比重均超过 30% 并呈上升趋势,数字经济将可能成为国家财富的主要来源。由此,数字经济成为推动全球发展和全球治理的一项新议程。2019 年,联合国数字合作工作组发布了《数字相互依存的时代》报告,就国际社会如何能够共同努力优化数字技术的使用和降低风险提出五项建议。这是首次以联合国为代表的权威性国际组织将数字空间治理提上国际议程,标志着全球数字治理的正式开启。2020 年,联合国秘书长安东尼奥·古特雷斯(António Guterres)又发布了《数字合作路线图:执行数字合作高级别小组的建议》,这是《数字相互依存的时代》报告的落实性文件。同年,世界经济论坛发表《为什么 2020 年是网络安全的一个拐点》的文章,阐述了网络安全治理的倡议和行动已经逐渐达到饱和点,而后将是行动的落实和协调。由此,在国际社会层面,开始强调数字经济发展的重要性,安全和发展并重成为全球数字治理的新特征。

数字治理的理论研究起源于公共管理领域,是治理理论、网络化理论和整体性治理理论的融合性理论,主张信息技术和信息系统在公共部门改革中的重要作用,数字化过程是数字时代治理的重要组成部分。但人工智能、区块链、物联网、量子计算、5G 等数字化技术的迅速发展,不仅带来了数字经济的腾飞,也深入渗透人类物理空间和网络空间的活动。当前数字治理的内涵已经远超出公共部门信息化管理提升管理效能的范畴,而是对整个数字空间活动的管理。数字治理源于技术性的变革和驱动,是与原有制度体制机制相融合的技术嵌入的过程。有研究认为,全球数字治理是数字技术的开发和使用过程中形成监管的规范、机构和标准。也有研究认为,数字治理一方面是基于对数字技术本身的治理,另一方面是数字技术带来经济、社会、政治影响后形成新秩序的规则治理。我们认为,全球数字治理是政府、企业、社会组织、公民个人等多元主体协同参与制定全球数字新秩序建构的制度和规则,既包括对新技术带来的社会经济问题的解决方案,也包括新秩序构建所需要的共识性原则和准则,议题涵盖了宏观、中观、微观各个层面治理的系统性议题。

第三节 数字治理的特征与优势

一、数字治理的特征

数字治理以其数据驱动、协同合作、精准执行、无处不在和智能预测的特点,正在重塑政府治理的面貌,推动社会治理向更高效、更智能、更人性化的方向发展。

(一) 数据驱动化

数字治理的核心在于数据驱动化。在这一过程中,政府秉持"用数据进行对话、用数据做出决策、用数据提供服务、用数据激发创新"的理念,引领各项变革。数据已被视为一种新型的生产要素,其在市场中的流动性已在国家层面得到认可。随着数字时代的深入,数据作为万物的表达和连接方式,呈现出海量、动态和多样化的特点。因此,数据的汇聚整合、深度挖掘和精准分析,成为政府数字治理活动的关键环节。

(二) 协同化

数字治理的协同化体现在两个层面:首先是政府部门间的协同。在全面建设社会主义现代化国家的新征程中,各类问题的解决需要跨领域、跨部门的协作。传统的科层制政府治理模式往往以部门利益为中心,缺乏整体性和协同性,对群众需求的响应较慢。数字治理利用数字技术打破壁垒,实现治理流程的优化和联动。其次是"政府-社会-个人"的协同。数字治理的天然属性在这一协同中得以体现。传统治理模式中政府治理往往是单向的,难以实现良性互动。而在数字治理框架下,互联网和物联网将人、物、服务紧密相连,形成政社协同的闭环反馈机制。政府、社会和个人都能通过数字技术参与治理,发挥各自优势,实现社会治理的"群体智慧"。政府在制度设计和政策制定方面发挥长处,而企业和技术机构在技术层面上更具优势。这种协同使政府的政策和服务更加细化和人性化,显著提升群众的满意度。

(三) 精准化

数字治理实现了政策的精准实施。在脱贫攻坚和抗击新冠肺炎疫情等重大任务中,政府政策的精准性不断提升。例如,脱贫攻坚战略中的精准脱贫,以及针对中小微企业的金融扶持政策,数字技术确保了政策精准落地,避免了"一刀切"。在疫情防控中,政府利用通信大数据平台和手机行程追踪功能,结合疫情数据分析模型,实现了对疫情的精准追踪和防控。

(四) 泛在化

随着人工智能、区块链等新技术的飞速发展,政府服务变得"无时不在、无处不在"。政务服务事项通过移动端的延伸,实现了"掌上办""指尖办",使政务服务无处不在、触手可及。同时,传统实体政府和服务中心转变为"线上政府""24小时不打烊"的虚拟形式,政府服务不再受时间和空间的限制,对公众而言,政府始终在线,但又隐形不可见。

五是智能化。在数字经济时代,国家的核心竞争力体现在计算速度、方法、通信能力、存储能力和数据总量上。算力的提升显著增强了数字治理的预测能力。数字治理的预测性既源于大数据的运用和算力的提升,也源于数字世界的融合。通过数字孪生技术,数字治理能够在线上构建与现实世界相互映射的数字孪生世界,进行数字化模拟,为政策制定和趋势预测提供参考。

二、数字治理的优势

数字治理的显著优势在于其能够显著提升传统政府治理的效率和质量。基于其五大核心特性,数字治理在以下四个方面展现出独特的优势。

(一)减少信息不对称

信息不对称一直是政府管理中的一个棘手问题。在紧急情况下,确保公众及时了解政府最新政策至关重要。数字治理通过构建数字平台和运用大数据分析,有效缓解了政府与民众间的信息鸿沟。例如,在2020年抗击新冠肺炎疫情期间,各地疫情数据的全面、透明发布,不仅向国内公众传递了准确的信息,也为国际社会提供了信心。数字治理强调信息公开作为推进国家治理现代化的关键步骤,同时也是维护社会稳定的基石。此外,政府通过完善网络信息反馈渠道,真正倾听民众声音,从民众需求出发制定治理策略,从而实现了从"政府为中心"向"以公众需求为中心"的治理模式转变。

(二)完善政府服务激励机制

激励问题是管理活动中的一个普遍挑战。数字治理通过引入数字技术,改进评价体系,提升了治理的科学性。例如,国务院推出的政务服务"好差评"制度,就是一个将民众反馈直接与政府工作人员考核挂钩的创新举措,极大地激发了政府工作人员的积极性和主动性,同时也增强了企业的话语权和监督权,推动了政府服务质量的持续改进。

(三) 提升政府决策科学性

数字治理的核心在于数据驱动的决策。与传统政府治理相比,数字治理不再依赖于少数领导或部门的决策,而是通过广泛的信息技术应用,使得每个具备信息素养的个体都能参与信息的生产和传播。政府决策模式从被动响应转变为主动预测,通过数据收集、量化分析、明确联系和方案预备,显著提升了决策的科学性和民主性。

(四) 显著提升公共服务水平

政务服务创新是政府治理创新中最受关注、与民众利益最密切相关的领域。数字治理通过打破线下服务的限制,如浙江省的"最多跑一次"、广东省的网上服务大厅等,不仅增强了服务能力,也使服务方式更加人性化、智能化。这些创新实践展现了数字治理在提升政府服务效能方面的巨大潜力。

第二章

数字治理的基本问题

第一节 数字治理发展的时代背景

一、数字经济成为当前经济发展的重要引擎

随着数字经济的蓬勃兴起,数字化转型已经成为推动社会进步和经济发展的关键动力。中国政府对数字经济的重视程度日益提高,在创新、协调、绿色、开放、共享的新发展理念指导下,中国正在积极推进数字产业化和产业数字化,促进数字经济与实体经济的深度融合,为经济高质量发展注入新动能。数字产业化和产业数字化是数字经济发展的两大支柱,它们共同助力数字经济与实体经济的紧密结合,推动中国经济的转型升级。数字产业化侧重于将数据作为新型生产要素融入生产过程,而产业数字化则利用大数据、云计算、人工智能等数字技术,为传统经济赋能,实现全方位的改造和提升。这一转型不仅催生了以数字化为核心的现代产业集群,也使中国在全球数字化竞争中占据了有利地位。

然而,数字经济的快速发展也带来了生产力与生产关系的新变革需求。新一代信息技术,如大数据、人工智能、云计算、工业互联网、区块链等,正逐渐成为新的生产力。这要求我们在全球范围内重新审视和构建适应数字生产力发展的新生产关系。传统的层级化、职能化生产关系已难以满足数字时代的需求,这一点在全球疫情的冲击下变得尤为明显。因此,发展数字经济、实现数字化转型,

本质上是寻求与新生产力相适应的新生产关系。当前,大数据正推动社会朝着透明、诚信、公平的方向发展,呼唤着更为扁平化的生产关系结构。而传统的层级化、职能化生产关系可能导致单边主义、保护主义的抬头,以及权力寻租等问题。在这一背景下,传统的科层制政府治理模式亟须转变,以适应数字经济时代的新要求,政府职能的转变也迫在眉睫。

二、我国经济步入新发展阶段对政府治理提出新要求

中国正处于一个新的发展阶段,要求我们重新审视和调整传统的政府治理模式,以适应社会经济的快速发展和变化。在这一新的发展阶段,我们必须深入贯彻新的发展理念,致力于推动高质量的发展,并加速构建一个以国内大循环为主体、国内国际双循环相互促进的新发展格局。在新发展格局中,中国的社会主义市场经济体制将进一步得到完善,要素资源的配置将在更高层次上实现优化,从而促进经济增长的可持续性。过去,中国经济的增长在很大程度上依赖于外循环的拉动,这种增长方式较为粗放,主要依靠大量劳动力和资本投入。然而,这种模式下经济增长的内生动力不足,导致了产能过剩和内需不足的问题。我们需要进一步疏通生产、交换、分配和消费各环节的供给链条,形成更加高效的经济循环体系。同时,这也意味着我们必须深化产业政策和投融资体制的改革,推进要素市场的改革,加快构建一个高标准的市场体系。这些变革对政府治理水平提出了更高的要求:在政策制定、资源配置、市场监管等方面展现出更高的治理水平和能力。

三、我国治理模式创新的政策背景

转变政府职能是深化行政体制改革的核心任务。自党的十八大以来,我国政府职能经历了深刻的变革和持续的优化,这些变化对于解放和发展生产力、推动经济的持续健康发展,以及促进社会公平正义起到了至关重要的作用。面对新时代的挑战和使命,我们迫切需要加速政府职能的转变,构建一个职责明确、依法行政的高效治理体系。党的十九大报告明确指出,要"转变政府职能,深化简政放权,创新监督方式,增强政府公信力和执行力,建设人民满意的服务型政

府",这强调了政府职能转变在构建服务型政府和优化政府运行机制中的基础性作用,也是推动行政体制改革的关键动力。

2019年,党的十九届四中全会对推进国家治理体系和治理能力现代化进行了全面部署,提出要"建立健全运用互联网、大数据、人工智能等技术手段进行行政管理的制度规则,推进数字政府建设,加强数据有序共享"。2020年,面对新冠肺炎疫情的考验,数字化转型的重要性愈发凸显,成为推动政府职能转变的重要动力。党的十九届五中全会再次强调,必须加强数字社会和数字政府的建设,提升公共服务和社会治理的数字化、智能化水平,以此推动国家治理效能的全面提升。政府职能的转变不仅仅是职权、职责、职务的简单变化,而是涉及政府权力、规模、行为的全面转型。这一过程也是构建有限政府的重要环节。在计划经济时代,政府扮演着"全能型"角色,全面掌管经济和社会的各个方面,通过直接行政手段调控资源。然而,随着社会主义市场经济体制的建立和完善,政府不再适宜以"全能"的角色参与经济社会发展,这就要求我们必须转变政府职能,推动政府角色和职责在市场经济条件下的重新定位。政府的角色逐步从市场直接参与者转变为监管者和宏观调控者,其职责被明确为"经济调节、市场监管、社会管理和公共服务",这四项基本职能体现了社会主义市场经济条件下政府的新定位。具体来说,政府在经济和社会发展活动中的职能,正在从直接管理转向间接管理,从微观管理转向宏观管理,从直接调配资源转向规划、协调和监管资源的市场化配置。

四、数字时代治理模式创新的时代要求

随着互联网特别是移动互联网的快速发展,社会治理模式正在经历一场革命性的变革。这一变革标志着从传统的单向管理模式转向双向互动,从单一的线下治理转向线上线下的深度融合,以及从纯粹的政府监管向更加注重社会协同治理的模式转变。我们必须深刻认识到互联网在国家管理和社会治理中的核心作用,以此为基础,推动电子政务和新型智慧城市的建设,通过数据的集中整合和共享,构建全国一体化的国家大数据中心,实现技术融合、业务融合、数据融合,促进跨层级、跨地域、跨系统、跨部门、跨业务的协同管理和

服务。

政府在数字治理中的角色应是有限的,但同时必须是积极有为的。在数字化这一充满不确定性的创新实践中,政府需避免职能的缺位,同时防止职能的越位。正确处理政府与市场的关系,充分发挥市场在资源配置中的决定性作用,同时创新和完善宏观调控,弥补市场失灵,推动形成新的发展格局,实现更高质量、更有效率、更加公平、更可持续、更为安全的发展。政府应提供产权保护、平等准入、公平竞争、公正监督等公共产品,创造有效率的市场环境。

服务人民是我们党和各级政府的根本宗旨。当前,我国社会主要矛盾已经转化为人民日益增长的美好生活需要和不平衡不充分的发展之间的矛盾。人民对美好生活有更多新期待,这就要求我们把加快转变政府职能放在更突出的位置,坚持以人民为中心的发展思想,不断优化政府服务,创造良好的发展环境,抓住人民最关心、最直接、最现实的利益问题,大力保障和改善民生,促进社会公平正义,让人民群众有更多获得感、幸福感、安全感。

数字时代的政府建设强调整体性和协同性,要求通过机制设计,不断打通部门间壁垒,吸纳多主体力量,实现更高层次协同。一方面,数字时代政府建设的一个重要目标就是打破以往条块分割模式,建成上接国家、下联市县、横向到边、纵向到底的全覆盖的整体型政府,实现政府内部运作与对外服务一体化、线上线下深度融合。另一方面,数字时代政府强调治理机制的协同推进,对内实现跨层级、跨地域、跨部门、跨业务的协同管理和服务,对外引入企业和群众参与,实现优势互补、互利共赢。

法治化是数字时代政府职能转变的前提和基础。各级政府作为国家权力机关的执行机关,必须坚持依法行政,让权力在阳光下运行。政府需"坚持法定职责必须为、法无授权不可为",着力实现政府职能深刻转变,把该管的事务管好、管到位,基本形成边界清晰、分工合理、权责一致、运行高效、法治保障的政府机构职能体系。这就要求加快转变政府职能,推进机构、职能、权限、程序、责任法定化,推进各级政府事权规范化、法律化,强化对行政权力的制约和监督,进一步提高政府工作人员依法行政能力,确保政府各项工作在法治轨道上全面推进。

第二节　数字治理的内涵与范式演进

一、全球数字治理态势与主要特点

近年来,新一代信息技术加速创新应用,全球数字化转型步伐大幅加快,为全球经济发展注入新动能,也对凝聚国际合作共识、推进全球数字治理体系建设、提升国家治理能力等方面提出了新的挑战。全球数字治理正处于快速发展和不断演进的阶段,其态势受到技术进步、国际合作与竞争、规则制定的复杂性以及数据主权与开放性的平衡等多重因素的影响。随着互联网、大数据、云计算和人工智能等数字技术的广泛应用,全球治理模式正在经历深刻变革,这些技术不仅改变了信息处理的方式,也重塑了政府、企业和社会之间的互动。跨境数据流动的增加促进了国际贸易和文化交流,但同时也带来了新的治理挑战,如数据主权、隐私保护和网络安全等问题。在这一背景下,国际合作与竞争并存,各国政府、国际组织和私营部门在推动数字经济发展的同时,也在争夺技术标准和数字霸权。制定全球统一的数字治理规则变得复杂,不同国家和地区在文化、法律和经济水平上的差异增加了规则制定和执行的难度。此外,全球数字治理需要在数据主权和开放性之间找到平衡,以促进全球数字经济的发展。安全与发展的双重关注也是全球数字治理的重要任务,确保在促进技术创新和应用的同时,维护网络安全和数据保护。伦理与法律的挑战也不容忽视,随着新技术的应用,如何确保技术应用不侵犯人权、不加剧社会不平等,以及如何制定适应新技术的法律法规,成为全球数字治理面临的关键问题。

全球数字治理的主要特点体现在其多元主体的参与性、技术驱动的治理变革、跨境数据流动的增加、规则制定的复杂性、数据主权与开放性的平衡需求,以及安全与发展的双重关注。在这个过程中,不仅有国家政府、国际组织、私营企业和民间团体等多方利益相关者共同参与,而且数字技术如互联网、大数据和人工智能等成为推动治理模式变革的关键力量。随着数字全球化的深入,跨境数据流动变得日益频繁,这既促进了全球经济的互联互通,也带来了新的治理挑战,如数据主权、隐私保护和网络安全等问题。同时,不同国家和地区在文化、法律和经济水平上的差异使得全球数字治理规则的制定变得极为复杂。此外,全球数字治理需要在强调数据主权的同时,考虑到数据流动的自由性和开放性,以促进数字经济的全球发展。安全问题和技术创新的双重关注也是全球数字治理的重要方面,要求在确保网络安全的前提下,推动数字技术的发展和应用。伦理和法律挑战也不容忽视,新技术的应用需要确保不侵犯人权、不加剧社会不平等,并要求制定适应新技术的法律法规。国际合作在应对全球性数字治理挑战中发挥着至关重要的作用,各国需要共同努力,分享最佳实践,制定统一标准,以构建一个公正、合理的全球数字治理体系。

二、我国数字治理阶段演进与特点

从20世纪90年代末至今,中国数字治理经历了从起步探索到全面深化的发展过程,呈现出不同阶段的特点和趋势。

初期阶段:电子政务的引入与尝试(20世纪90年代末至21世纪初)

在这一阶段,中国政府开始引入信息技术,探索其在公共服务中的应用。政府网站作为新兴的服务平台,开始向公众提供基本信息服务,实现了政府信息的电子化发布。此外,一系列重大的国家信息化项目,如"金字工程",开始实施,为后续的数字治理奠定了基础。这一时期的数字治理主要集中在信息的电子化和网络化,政府服务的数字化转型刚刚起步,公众对电子政务的认知和接受度逐渐提高。

发展阶段:电子政务的快速发展(21世纪第一个十年)

进入21世纪,中国的电子政务进入快速发展期。政府部门开始广泛采用信息技术优化工作流程,提高行政效率。互联网的普及推动了政府服务的线上化,在线办事大厅等平台的建立使得政府服务更加便捷。这一时期,政府开始意识到数据的重要性,并尝试通过建立数据中心、实施电子档案管理等方式,对数据进行集中管理和利用。然而,这一时期政府数据的共享和利用程度仍然有限,数据孤岛现象普遍存在。

深化阶段：数字治理理念的成熟(21世纪第二个十年)

在这一阶段,数字治理理念逐渐成熟,政府开始重视数据资源的价值,并推动数据共享和开放。智慧城市建设兴起,数字技术广泛应用于城市管理和服务。移动政务快速发展,政府服务通过手机应用等移动端提供,进一步提高了服务的便利性。这一时期,中国政府开始大力推进"互联网＋政务服务",通过线上线下相结合的方式,提供更加高效、便捷的公共服务。同时,政府数据的开放和共享机制逐步建立,数据的价值开始得到更广泛的认识和利用。

成熟阶段：数字中国建设的全面推进(21世纪第三个十年至今)

当前阶段,数字中国建设全面推进,数字治理成为国家治理体系和治理能力现代化的重要内容。5G、大数据、人工智能等新技术在政府治理中得到广泛应用,显著提升了治理效率和决策科学性。同时,强调数字安全和个人隐私保护,相关法律法规逐步完善。政府服务全面数字化,实现"一网通办",公共服务的普惠性和便捷性得到极大提升。这一时期,中国政府提出了"数字中国"战略,旨在通过数字化转型,推动经济社会全面发展。数字治理不仅局限于政府内部,还扩展到社会治理的各个方面,如公共卫生、环境保护、交通管理等。

三、我国数字治理面临的问题与挑战

随着信息技术的飞速发展,数字治理在中国的推进取得了显著成就,成为推动国家治理现代化的重要力量,然而,这一过程也形成了如下诸多挑战和问题。

一是数据安全和隐私保护的挑战。在数字治理的实践中,数据安全和个人隐私保护问题尤为突出。一方面,随着大数据、云计算等技术的广泛应用,数据泄露和非法交易个人信息的事件时有发生,对公民隐私权和社会信任构成了严重威胁。另一方面,尽管中国已经出台了《数据安全法》和《个人信息保护法》,但在法律法规的执行力度、监管机制的有效性以及公众隐私意识的培养方面,仍存在不少短板。这些问题的存在,不仅影响了数字治理的健康发展,也对国家安全和社会稳定构成了潜在风险。

二是数字鸿沟的加剧。数字鸿沟问题是中国数字治理面临的另一重大挑战。城乡之间、不同地区之间以及不同社会群体在获取和使用数字资源方面的差异,可能导致社会不平等的加剧。特别是在教育、医疗等公共服务领域,数字鸿沟的存在限制了这些服务的普惠性,影响了社会的整体福祉。此外,老年人和农村地区居民的数字技能普遍较低,这不仅影响了他们享受数字化生活的便利,也制约了数字经济的全面发展。

三是技术标准和规则的不统一。在数字治理的推进过程中,技术标准和规则的不统一也是一个亟待解决的问题。不同部门、不同地区可能有不同的技术标准和规则,这导致了信息孤岛和资源浪费的现象。统一的技术标准和规则对于实现数据的有效流通和资源的优化配置至关重要,但目前在实施过程中仍面临协调难度大、执行力度不一等问题。

四是平台经济的监管难题。平台经济的快速发展带来了新的治理挑战。如何有效监管大型互联网平台,防止市场垄断、不正当竞争和算法歧视,保护消费者权益,是数字治理中的一个重要议题。平台经济的特殊性在于其网络效应和规模经济,这使得传统的监管模式难以适应,需要创新监管理念和方法。

第三节 数字治理的应用场景与实践

一、宏观调控数字化

数字技术在改变经济行为的同时,也为宏观经济调控提供了新工具、新想象、新可能。以数据为纽带,以产业链、创新链、供应链融合应用为驱动,全面链接宏观经济运行的全要素、全环节、全过程,实现宏观经济的资源高效配置和活动高效协同,促进宏观经济调控更加精准化、科学化、合理化。以数字化手段将各行各业产生的数据进行集中实时记录,必要时予以调用分析,能帮助有关人员清晰、准确地描绘经济运行的实际情况,为宏观经济监测打下良好的基础,为宏观经济平稳运行提供技术保障。

在宏观经济预测方面,摒弃以往统计调查的方式转而向实时调查统计靠拢,为政府精准把控经济运行提供了保障,而且精准及时的预测能够为宏观经济提供先导性的指示,促使宏观经济从依靠经验决策向凭借科学决策发展、由以往的定性分析向定量分析改变,使各种经济调控措施可以更加精准地解决各项经济发展问题。利用大数据技术挖掘"海量数据",归纳总结提炼其中蕴含的经济规律,这对于我国完善宏观经济调节体系、提高经济治理效能大有裨益。数字技术能够搜集经济活动所产生的数据并且通过分析总结,进一步揭示经济活动的规律。

宏观经济调控最大的初衷就是规避世界经济发展带来的冲击,应对全球经济下行带来的考验,实现国内经济高质量发展。采用数字技术实现宏观经济决策科学化发展,提升宏观经济决策能力成为中国经济发展的重要动能。从工具层面来看,数字化手段有利于改变以往宏观经济决策依靠经验的发展模式,基于经济运行的实时监测,提前预判经济发展走向,促使数字技术成为辅助宏观经济决策的重要手段。数字化以强有力的技术手段促使宏观经济决策更加精准、有效,推动宏观经济决策机构改变"拍脑袋"决策的旧思维,树立数字化决策的新思维,让数字化贯穿于宏观经济决策的全环节、全要素、全过程。需要注意的是,数字技术在辅助宏观经济决策时,并非完全不考虑经验决策,而是要在经验决策的基础上强化技术支持,将经验决策与技术辅助相互结合,建立经验决策与技术决策深度融合的科学决策机制。

二、市场监管数字化

加快市场监管数字化,是实现市场治理现代化的关键。从实践角度来看,新技术已不同程度地融入市场监管。其核心是以互联网技术突破时空限制实现监管数据随时随地流通,以大数据、云计算技术采集、存储、分析海量的监管数据,以物联网技术拓展政府、经济和社会行为的数据获取渠道,以区块链技术实现透明化、可追溯监管,以人工智能技术实现市场监管精准感知、实时预警,极大地提高市场监管的精准性、有效性、及时性。

当下,大量的市场主体正在有意识地进行数字化、智能化变革,绝大多数行业把智能化、数字化当作生命线来看待,为此投入大量的人力物力,相当多企业的信息化建设处于国际先进水平。如今,政府监管对象及其活动形态日趋数字化,生产在智慧化、经营在智慧化、消费者行为也在智慧化。网约车、共享单车、共享民宿、直播等新业态不断涌现并快速扩张,传统监管方式无法适应"互联网＋"业态的监管需要。新技术与经济社会活动深度融合的同时,也日渐成为市场监管数字化的重要技术支撑。形势呼唤智慧监管,监管者的数字化水平应领先于市场。作为监管者的市场监管部门的监管系统如果此时还停留在一些浅在层面,被监管对象比监管者还先进,有些领域就会成为监管盲区。对此,市场监管部门应全面推进智能化数字化,畅通市场主体与监管部门的智慧监管通道,加强大数据汇集、分析和应用,开发更多智能化、人性化的便民系统,以智能化手段防范、预测市场违法行为,以智能化工具获取隐蔽违法线索,以科技助力不断进化的市场生态。

市场监管数字化符合政府治理现代化的内在要求。过去十几年是信息化建设与市场监管部门初级融合的阶段,即便如此,市场监管部门也取得了巨大的社会效益。门户网站的出现,促进了政府信息公开进程;无纸化办公系统提高了内部公文流转速度;从总局到地方的多级视频会议系统将工作安排秒速传达至基层。近些年,全程电子化登记系统、企业信用信息公示系统、食品追溯系统、大数据分析系统等智能化、数字化工具纷纷上线,不仅惠民、利民、便民,还为市场监管部门积累了海量的数据资源,为深化科技型市场监管奠定了基础。

三、城乡数字治理

5G、大数据、人工智能等技术正在融入日常的社会管理,成为现代科技嵌入社会治理的重要载体。数字技术能够通过突破社会沟通的时空壁垒,凝聚多元治理主体,实现协同式社会治理;同时,通过破解信息碎片化问题,诊断出复杂多元的治理事项,实现精准的社会治理。5G网络、物联网、宽带网是信息流动的"高速公路"。如果信息高速公路建好了,则可以扩大社会治理的覆盖面,实现社会万物互联、广泛连接智能感知,全方位地把控社会的各个方面,将之前无法触及的方面纳入管理。以城市治理为例,随着5G的大规模部署和物联网的广泛应用,全面感知、交叉互联、智能判断、及时响应、融合应用的"数字孪生城市"已经形成。数字孪生城市可以推动数字城市与现实城市同步规划、同步建设,使城市空间结构和基础设施得到极大的改善,即使在资源消耗总量减少的情况下也不会对城市的运行造成不利的影响。同时,5G等数字技术以其特有的技术优势可以改善地区的经济发展水平,提高人口的融合汇聚能力,开创网络化共享、协作开发的新局面,已初步形成社会治理新模式。

将大数据应用于社会治理中,不仅能够丰富信息的获取渠道,保证数据的真实性与实时性,还可以提升社会治理的精细化,使治理成本随之降低。如今,面对风险监测、政府办公、公共服务、紧急情况响应等社会治理数据日趋海量化的发展趋势,作为一项辅助技术,人工智能可以在一定程度上缓解政府在及时有效回应公众多样化和个性化需求方面的压力,从而提高社会治理的服务水平与效率。

四、公共服务数字化

我国公共服务供给逐渐向数字化转型,数字技术创新与公共服务相结合不仅带来了公共服务供给领域的新模式,而且带来了公共服务供给的新业态。同时,我国也十分重视公共服务供给。在数字赋能和国家支持双重因素的影响下,我国公共服务供给能力逐年提升。在数字技术推动下,政府可以通过不同的部门、不同的层级进行数据信息的辨别、分析、预测,并以此作为基础精准施策的依据,这样不仅能够确保公共服务资源分配的公平和高效,还能明显增强政府各个部门的协同交流和共同决策的合作性,保证公共服务供给的高质量、高效率、高水平。同时,也能有效减少影响公共服务效率的不利因素,例如信息不对称等。在具体实践中,物联网、大数据等新技术构建的远程医疗、远程教育等平台可以有效扩大公共服务供给的区域范围。在长期的实践中,我国利用数字技术有效增强公共服务供给能力,大大提高了人民群众的满足感、幸福感、安全感。

数字化不再拘泥于传统的线下服务,而是使公共服务渠道日益多元化。以往,政府通常是数据的发布者和传递者,拥有大量的数据,存在政府与社会间数据不对称的现象。随着公共服务数字化的发展,政务微博、政务微信、政务App等多种互动渠道竞相涌现。公共服务政策制度经过政务新媒体官方平台发布,形成网络"大喇叭"效应,网民可以看得见,有些网民可以选择转发、推动公共服务信息及时传播,使之在很短的时间内获得很多人的关注。同时,政务新媒体可提供公共咨询服务。政务微信是在政务微博兴起后的另一条政府和群众及时沟通的"高速通道",各类"服务号""订阅号"更加有利于服务群众,为群众提供便利。政务 App 是目前公共服务供给的又一形式,实现打通服务"最后一米"。前两者主要侧重于政民互动和信息传播,微博和微信打破了政府网站单一信息源,使人们可以主动了解政府信息,同时政府也能更快地了解群众的想法,再修正调整利民政策,促使群众在公共服务供给管理中发挥重要作用。政务 APP 把保障和改善民生作为重中之重,主要集中于交通、信息传播、医疗等重点民生领域,便于实现不同类型的公共资源配置优化和高效率应用,给解决民生问题带来全新技术和途径。互联网、大数据等数字技术的高速发展,极大地改变了人们的生活方式,与此同时,数字应用在公共服务中迅速发展,催生了大量应用场景,提供了新方法、新产品、新概念、新业态。

第四节　数字治理的分析框架

一、数字社会:深化融合创新应用

数字社会作为一个新的社会形态,正逐渐成为现实。它以数字化技术为核心,通过互联网、大数据、人工智能等技术的广泛应用,深刻改变了人们的生产方式、生活方式和社会治理模式。数字社会的建设不仅关乎技术的进步,更关乎如何利用这些技术推动社会的整体发展和治理创新,主要体现在以下四个方面。

一是公共服务的数字化转型。数字社会的核心在于公共服务的数字化转型。政府机构通过建立在线服务平台,提供电子政务,使得民众能够便捷地获取各种政府服务。例如,通过政务服务网,公民可以在线办理户口迁移、车辆管理、社会保障等事务,大大提高了办事效率,减少了纸质文档的使用,也降低了行政成本。此外,数字化的公共服务还体现在教育、医疗、交通等领域,通过在线教育资源的共享、远程医疗服务的提供、智能交通系统的建设,公共服务的质量和效率得到了显著提升。

二是智慧城市与数字乡村的建设。智慧城市利用物联网、大数据、云计算等技术优化城市管理和服务,提升居民生活质量。例如,智能交通系统可以有效缓解交通拥堵,智能电网可以提高能源利用效率。数字乡村则通过信息化手段提高农业生产效率,缩小城乡数字鸿沟,推动乡村振兴。通过农业信息化平台,农民可以获取种植技术、市场信息,实现农产品的在线销售,提高农业生产的经济效益。

三是社会治理的智能化。数字技术的应用提高了社会治理的精准性和响应速度。例如,通过大数据分析进行社会趋势预测、通过智能监控系统提高公共安全等。在疫情防控中,数字技术的应用更是发挥了关键作用,如健康码的使用、疫情数据的实时更新等。数字化的社会治理不仅提高了政府的工作效率,也增强了公民参与社会治理的能力。

四是数据资源的开放与共享。数字社会强调数据作为生产要素的重要性,推动数据资源的开放和共享,促进数据要素市场的形成和发展。政府数据的开放,为企业和研究机构提供了宝贵的数据资源,促进了创新和研究的发展。同时,数据的开放也带来了数据安全和隐私保护的挑战,需要建立相应的法律法规和技术标准来保护个人和组织的数据安全。

二、数字政府:提升服务管理效能

数字政府不仅代表了政府服务的电子化,更是政府治理理念和方式的一次深刻变革。通过运用互联网、大数据、云计算、人工智能等现代信息技术,数字政府致力于提高政府服务的可达性、响应速度和质量,优化政府决策过程,增强政府与公民之间的互动,从而构建一个更加高效、透明和参与性的治理体系。数字政府在服务的管理效能提升体现在以下五个方面。

一是服务可达性的极大提升。通过建立电子政务平台,数字政府使得公民可以随时随地通过互联网访问政府服务,无论是办理证件、缴纳税费,还是查询政策信息,都变得更加便捷。这种服务的线上化,极大地提高了政府服务的可达性,减少了公民在物理空间中的移动,节省了时间和资源。

二是响应速度的显著加快。数字政府通过自动化流程和智能系统,能够快速响应公民的需求和请求。例如,通过在线提交的申请,可以迅速得到处理和反馈,而不需要公民亲自到政府部门排队等候。这种快速响应不仅提升了服务效率,也提高了公民的满意度。

三是服务质量的持续优化。数字政府可以利用大数据分析和人工智能技术,对服务流程进行持续的监控和优化。通过收集和分析服务过程中产生的数据,政府能够识别服务的瓶颈和不足,及时进行改进,从而提升服务质量。

四是决策过程的科学化。数字政府通过数据驱动的决策支持系统,使得政策制定更加科学和精准。政府决策者可以利用数据分析结果,更好地理解社会经济状况,预测政策效果,从而做出更加合理的决策。

五是政府与公民互动的增强。数字政府通过社交媒体、移动应用等渠道,加强与公民的沟通和互动。公民可以通过这些平台直接向政府提供反馈,参与政策讨论,甚至参与政府服务的设计和改进。这种互动不仅增强了政府的透明度,也提高了政策的适应性和公民的参与感。

三、数字生态:构建数字规则秩序

数字生态是一个涵盖技术、用户、内容和服务等多个方面的复杂系统。在这个系统中,数据是核心资源,技术是基础支撑,用户是活跃主体,内容和服务是价值体现。数字生态不仅仅是技术层面的集合,它还包括了由数字技术催生的新经济模式、社会结构和文化现象。构建公正、透明、高效的数字规则秩序是数字生态可持续发展的关键,主要体现在以下五方面。

一是数据治理规则。数据是数字生态中的基础资源,因此,制定合理的数据治理规则至关重要。这包括数据的收集、存储、处理、传输、共享和销毁等方面的规范,以及数据安全和隐私保护的标准。数据治理规则的制定需要平衡产业发展和个人权益的保护,确保数据的有效利用和安全保障。

二是网络空间行为规范。网络空间的行为规范是维护数字秩序的基石。这要求所有参与者,无论是个人、企业还是政府机构,都应遵守网络礼仪,尊重他人的知识产权和隐私权,反对网络欺诈、网络暴力等不良行为。网络行为规范的建立有助于营造一个健康、积极的网络环境。

三是数字市场监管制度。数字市场的健康发展需要有效的监管制度。这包括对电子商务、数字内容服务、在线广告等活动的监管,确保市场的公平竞争,保护消费者权益,防止市场垄断和不正当竞争。数字市场监管制度的完善有助于维护市场秩序,促进公平交易。

四是技术创新与知识产权保护。技术创新是推动数字生态发展的重要动力。建立一个健全的知识产权保护体系,可以激励技术创新,促进科技成果的转化和应用,同时保护创作者的合法权益。知识产权保护不仅是对创新者的尊重,也是对整个社会创新活力的维护。

五是跨界合作与国际规则协调。数字生态的全球性特点要求各国在数字规则的制定上进行跨界合作和国际协调。通过参与国际组织,推动国际规则的制定和执行,可以促进数字生态的全球协同发展。跨界合作与国际规则协调有助于解决数字生态中的全球性问题,如跨境数据流动、网络犯罪等。

第五节　数字治理的价值理念

一、以人民为中心

数字治理的核心在于其对人民利益的坚定承诺。这一理念强调政府服务的人性化、个性化和便捷化,旨在通过数字化手段更好地满足公民的需求,提升公共服务的质量和效率。在实践中,这意味着政府需要倾听公民的声音,理解他们的需求,并通过创新的技术解决方案来解决社会问题。例如,通过建立在线服务平台,公民可以轻松访问各种政府服务,从而减少排队等待的不便,节省宝贵的时间。此外,政府还可以利用移动应用程序提供定制化的信息和服务,确保每个公民都能获得他们所需的支持和资源。这种以人民为中心的治理模式不仅提高了政府服务的满意度,也增强了公民对政府的信任和归属感。

二、数据驱动的决策制定

数据驱动的决策制定是数字治理的另一个关键价值。在这一理念下，政府利用大数据分析、人工智能等先进技术来收集和分析数据，从而为政策制定提供科学依据。这种方法使政府能够更准确地预测社会经济趋势，评估政策的潜在影响，并据此做出更加明智的决策。例如，通过分析交通流量数据，政府可以优化交通规划，减少拥堵，提高出行效率。或者，通过分析公共卫生数据，政府可以更有效地分配医疗资源，应对突发疫情。数据驱动的决策不仅提高了政策的有效性和精确性，也为政府的透明度和问责制提供了有力支撑。

三、透明度与开放性的治理环境

透明度和开放性是数字治理价值理念的重要组成部分。这一理念倡导政府工作的高度透明，通过信息技术手段，如开放数据平台和在线政务服务，增强政府的问责机制，提升公众对政府工作的了解和信任。开放政府数据不仅可以促进公民参与，还能激发社会创新，为企业和研究者提供宝贵的资源。例如，通过开放城市数据，企业和创业公司可以开发新的应用程序和服务，提高城市生活质量。同时，开放性原则也鼓励政府与民间组织、企业以及公民之间的合作，共同参与治理过程，形成多元共治的局面。

四、安全与隐私的坚定保障

在数字治理中，数据安全和个人隐私保护是不可或缺的组成部分。随着大量敏感信息的数字化，如何确保这些信息的安全存储、传输和处理，防止数据泄露和滥用，成为数字治理面临的重要挑战。因此，建立严格的数据保护法规和标准，是数字治理价值理念中的核心要求。政府需要采取一系列措施，如加密技术、访问控制和数据备份，来确保数据的安全性。同时，政府还需要加强对公民隐私权的保护，确保个人信息不被未经授权的第三方获取和使用。通过这些措施，政府可以赢得公民的信任，同时维护社会的整体安全。

五、持续创新与适应性的发展

持续创新和适应性是数字治理价值理念的另一个关键方面。数字技术的快速变化要求政府不断探索新的技术和方法,以适应数字化时代的发展需求。这不仅包括引入新的技术工具和平台,也包括更新政府的工作流程和思维方式。例如,政府可以通过采用云计算服务来提高数据处理能力,或者利用机器学习算法来优化服务交付。同时,公民的数字素养提升也是数字治理成功的关键,这要求政府在教育和培训方面投入资源,确保公民能够有效地参与数字化社会。通过持续的创新和适应性发展,政府可以保持其服务的相关性和有效性,同时为公民提供更好的服务。

六、法治化与伦理导向的治理原则

法治化和伦理导向是数字治理价值理念的基石。所有的数字活动都应当在法律框架内进行,同时,政府在运用数字技术时,也应当遵循伦理原则,确保技术应用不会损害公民的基本权利和社会的公正价值。这意味着政府需要制定和执行明确的数字治理法规,包括数据保护法、网络安全法和知识产权法等,以确保数字空间的秩序和保护公民权利。同时,政府还需要在技术应用中考虑伦理问题,如算法的公正性和人工智能的道德责任。通过坚持法治化和伦理导向,政府可以确保数字治理的健康发展,同时赢得公民和社会的广泛支持。

第三章

新时代数字治理体系创新

第一节 基于新空间规则博弈的全球治理

一、网络空间的资源分配权

历史上,空间权力的研究揭示了空间拓展与权力扩张之间紧密相连的关系。从陆权论到海权论,再到空权论和天权论,这些理论相继勾勒出了权力如何在不同的空间维度上施展其影响力。米歇尔·福柯(Michel Foucault)在《规训与惩罚》中强调,空间在公共生活和权力运作中扮演着至关重要的角色。他视权力为一种生产性的实践,一种创造性的网络,这种网络不断地塑造着人与人之间的新联系,激发着积极的互动和"权力效应"。福柯的视角突破了传统对权力的理解,转而从空间的角度解读现代社会中权力的运作机制,以及权力、知识和空间之间错综复杂的关系。

哈尔福德·约翰·麦金德(Halford John Mackinder)在20世纪初提出的陆权论,特别是他在1904年《历史的地理枢纽》中提出的"枢纽地区"概念,以及1919年的"心脏地带"理论,都极大地提升了东欧在地缘战略中的地位。麦金德的理论从全球视角分析地缘政治,将全球空间作为一个整体进行研究,对早期西方战略家的政治布局产生了深远影响。19世纪末至20世纪初,随着各国对海外殖民地的争夺,海权理论应运而生。阿尔费雷德·赛耶·马汉(Alfred Thayer Mahan)的"海权三部曲"强调了国家对海洋的控制,包括海上军事力量和贸易水平,认为建立强大的海军是掌握海洋权益的关键。马汉的理论对美国等海上实力较弱的国家产生了重大影响,成为美国后来建立海上霸权的理论基础。其他学者如乔治·莫德尔斯基(George Modelski)等,进一步提出了海权是全球政治参与的先决条件,认为世界领导者的地位与海权的分配有着密切的联系。空权论和天权论也在20世纪初逐渐形成。朱利奥·杜黑(Giulio Douhet)基于意大利的地理环境和资源条件,提出了空权论,强调控制空域对国家安全的重要性。随后,詹姆斯·奥伯格(James Oberg)的"天权论"、埃弗雷德·多尔曼(Everett Dolman)的"太空政治学"和约翰·克莱因(John Klein)的"太空战争"等理论,从不同角度阐释了制天权的重要性。

进入21世纪,互联网的普及彻底改变了国家安全观念,标志着制信息权时代的到来。信息资源成为社会各层次主体争夺的焦点,网络空间被视为继陆、海、空、天之后的第五域空间。随着互联网的发展和数字化转型的深入,网络空间的内涵和外延不断扩展,成为人们工作、学习和国家内政外交的新平台,同时也是各种"资本"角逐和权力争夺的新场域。网络空间的强渗透性使其成为覆盖"陆海空天"物理空间的全方位存在,各种权力在此集中、叠加并对网络空间进行重构。

网络空间作为互联网空间化的产物,不仅体现了互联网技术将现实社会虚拟化的趋势,而且互联网本身也在经历着空间化的过程。互联网空间化表现在其作用的主客体、运作模式、效应影响等方面,构成了一个新的完整生态系统。网络空间不仅能传递信息,还能支撑并优化能量传递,其基础是完整的互联网结构。未来,通信网络将关注能量效率,即用更少的能量传递更多的信息,并通过信息技术降低能耗。网络空间中的权力分布在物理层、逻辑层和经济社会应用层,涉及信息通信企业、私营机构、技术社群、网民、学术团体、政府、国际组织等多种主体。由于权力来源和大小的差异,这些层面形成了不同的权力结构,展现出不同程度的集权与分权特征。

网络空间的经济社会应用层是对现实经济社会空间的映射或延展。从现实角度来看,从物理层到逻辑层,特别是经济社会应用层,已经和一国之政治、经济相关性越来越紧密,保障主权空间不被侵犯已经成为越来越多国家在经济社会应用层的共识。一国之内的权力主要表现为网民群体(网民为维护共同的权利形成群体后具有强大的权力)、企业的生产经营权(企业凭借生产经营积累的财富和能力对整个社会产生的影响力)、政府的公共管理权(作为国家机器而拥有的权力)等。通常,政府占据主导地位,主要体现为制度赋权,政府作为国家代言人利用国家机器对经济社会进行治理。互联网是全球最庞大的分布式系统,这在一定程度上造成政府对资源和权力的控制力被侵蚀和弱化。平台企业凭借对互联网入口和数据资源的掌控,也衍生出相应的权力。

在国际层面,权力主要表现为主权国家之间的博弈、跨国企业的生产经营权、联合国等国际组织的协调权等。这一层的议题比较广泛,对资源、技术、网络、制度实行全面覆盖,其核心是促进经济发展和社会进步、提高人类福祉。通常,主权国家在网络空间中的权力大小与自身的资源、技术水平有关,也需要综合国力的保障,主权国家通常都会积极维护本国利益。一些国际组织、国际机制根据其职能和影响力,对网络空间中的相关事务进行综合治理。此外,跨国企业等主体在网络空间中的影响力不容小觑。当我们理解网络空间权力来源的互联网三层模型时,即当我们使用互联网时,衍生出三个哲学问题,一是域名(naming)会问:你是谁;二是IP地址(addressing)会问:你从哪儿来;三是路由(routing)会问:你到哪儿。这三个互联网的哲学问题是保障互联网顺畅运行的基础,也是网络空间权力的来源。

二、互联网全球治理的主题

互联网全球治理已成为我们这个时代的关键议题之一。2004年3月,时任联合国秘书长科菲·安南(Kofi Atta Annan)在"互联网治理全球论坛"上发表讲话,指出互联网在短短几年内已经对贸易、医疗、教育以及人类通信和交流的基础设施产生了革命性的影响,其潜力之大远超我们所见。他强调,为了有效管理、改进并保护互联网在日常生活中的作用,我们需要发挥的创造力不应逊色于那些创造互联网的先驱们。治理互联网是必要的,但这种治理并非传统意义上的治理,因为互联网的本质与传统治理对象截然不同。

互联网作为一个快速发展、多向互动、开放多样、互联互通的生态系统,其治理天然具有全球性。这是一个议题不断拓展、力量不断变化的动态博弈过程,涉及大国话语权、规则制定权、议题设置权的争夺以及利益的较量。近年来,随着发展中国家在网络空间力量的崛起,对现有治理体系的分歧日益加剧,迫切需要体系的变革。

互联网治理模型包括三个层次:物理层、逻辑层和经济社会应用层。随着互联网商业化进程的加速,治理挑战逐渐从物理层和逻辑层转移到经济社会应用层,并不断扩展。互联网全球治理议题已从逻辑层向上扩展,从最初的技术治理逐步扩展到政治、经济、法律等应用层治理,涵盖基础设施、网络安全、法律法规、数字经济、数字发展和数字社会文化等多个方面。这一议题的覆盖面广泛、颠覆性强、复杂度高,需要全方位、多角度、多层次的参与。相比之下,互联网经济社会应用层的治理因不同国家政治经济制度的差异而产生了更深层次的矛盾与冲突。世界各国由于各自的发展阶段、立场和利益诉求不同,对互联网治理的理解存在较大差异,围绕互联网治理规则的争论从未停歇。互联网治理议题已经无所不包,与更广义的网络空间治理不断重合,成为数字治理的重要组成部分,多项国际进程和机制聚焦互联网治理,形成了新的议题和进程。

三、网络空间全球治理分歧

全球网络空间的秩序正处于"大变革"时代,未来新规则体系的建立取决于部分发达国家与新兴国家之间的互动博弈。西方积极倡导"多利益相关方"模式,旨在令互联网各利益相关方共同参与,为解决共同问题开展对话、民主决策、协同治理,尽管各利益相关方可以指企业、民间组织、政府、研究机构、非政府组织,甚至个人,但实际上有弱化政府的意味,更多强调企业和非政府组织的治理作用。习近平总书记指出,国际网络空间治理应该坚持多边参与、多方参与,由大家商量着办,发挥政府、国际组织、互联网企业、技术社群、民间机构、公民个人等各种主体作用。中国、俄罗斯等国主张不应忽视政府的作用,在国际上更多倡导"多边主义",主张联合国是互联网治理的主要平台;认为"多方"应在政府的领导和管理下参与治理,形成多主体参与的综合治理格局。

当前,对于互联网所构成的网络空间属性存在"全球公域"和"国家主权"之争。"你们在这里不受欢迎。在这里,你们并不拥有主权,也没有伦理意义上的统治权;而且,你们也没有任何手段使我们感到必须受制于你们。网上世界并不在你们的边界以内。"这段话出自约翰·佩里·巴洛（John Perry Barlow）于1996年致各国政府的一封信，在20世纪90年代，这是相当具有代表性的思潮。网络自由主义是乌托邦技术决定论的体现，也是美国及其核心盟友偏好更加强势的霸权领导的理论抓手。网络自由主义强调互联网自由对社会进步和经济增长的重要性，强调数据的自由流动，甚至把增进"连接自由"作为一项基本外交目标。

以中国为代表的主权论国家则认为，网络主权是传统主权在网络空间的自然延伸，互联网空间和现实空间一样"不是法外之地"，属于法律规范和政府管制的领域。主权是一个国家对其管辖区域所拥有的至高无上的、排他性的政治权力，是国家的最重要属性，是国家在国际法上所固有的独立处理对内、对外事务的权力。尊重主权是互联网治理的首要前提。随着互联网技术飞速进步带来的生产力发展、全球经济结构调整、战争形势的发展和变化，网络空间全球治理需求不断增加；而随着美国霸权衰落、大国实力对比出现变化，原有互联网治理公共产品提供者的供给意愿下降，因而出现互联网治理供需不匹配的"治理赤字"。

为应对互联网治理公共产品短缺的现实情况，全球涌现出了一批互联网治理国际机制，如伦敦进程、巴黎倡议、网络空间稳定全球委员会、世界互联网大会等。传统全球治理机制也将网络空间全球治理作为重要议题，如联合国在其框架内主导设立了信息社会世界峰会、互联网治理论坛、联合国信息安全政府专家组、信息安全不限成员名额工作组等一批新的平台。传统区域性组织如亚太经济合作组织、欧盟等也在互联网治理方面发挥了重要作用。

第二节 面向新业态风险挑战的平台治理

一、平台经济研究动态

国外对互联网平台垄断的研究起步较早，且持续受到广泛关注。互联网平台通过连接不同类型的用户群体，提供匹配和交易服务，显著降低了交易成本和协调搜索成本。学者如安德烈·哈久（Andrei Hagiu）和朱利安·赖特（Julian

Wright)等,认同让·查尔斯·罗切特(Jean Charles Lochte)和让·梯若尔(Jean Tirole)的观点,认为关于双边市场和多边平台的特征与构成要素已基本达成共识。大卫·埃文斯(David Evans)和理查德·施马伦西(Richard Schmanlensee)指出,平台通过降低交易成本,协调不同用户群体,创造了交互和匹配价值。罗切特和梯若尔进一步认为,平台可以通过价格策略影响交易量,解决用户群体间的需求协调问题。

基亚拉·英格罗索(Kiara Engrusso)和马西莫·莫塔(Massimo Motta)提出,在互联网平台市场中,倾斜式定价可能导致与单边市场相似的结果。他们发现,垄断平台可能通过早期的倾斜式定价吸引用户,同时提高新进入者的市场进入成本。安德里亚·阿梅里奥(Andrea Amelio)的研究表明,传统排他性行为在平台竞争中仍然存在,间接网络外部性可能加剧垄断平台的封锁动机。路易斯·瓦斯康塞洛斯(Luis Vasconcelos)则发现,即使低于成本定价,也能为垄断平台带来对潜在竞争对手的封锁效应。

国内学者对平台问题的关注日益增加,开展了大量研究。蒋岩波基于双边市场理论,提出了新的市场界定思路,强调对平台产品盈利模式的考察。石英指出,在互联网平台企业中,应谨慎进行市场认定,考虑网络效应的经济特性。宁立志和王少南提出,在双边市场下,需综合考虑两边市场的竞争约束,以总价格作为基准价格。骆品亮认为,双边市场中的最低网络规模为大型平台带来竞争优势,而小型平台则处于劣势。张小宁提出,最低网络规模如同一堵"墙",大型平台更容易冲破并实现用户规模的"自增长",促进"赢者通吃"。李尧等认为,用户规模是平台利润和市场势力的重要来源。曲振涛等提出,平台的用户规模优势直接决定了其扩张能力。徐骏和苏银珊认为,平台通过既有用户规模能迅速扩大产品或服务的应用范围,加速商业化,并实现市场间用户规模的增长。陈少威和范梓腾认为,数字平台的角色正在转变,需要创新监管政策以适应这一变化。陈永伟强调,需要明确平台垄断与正常商业行为的界限,并建立完善的反垄断体系。刘蕾指出,平台经济的非线性盈利特征和内在扩张性可能导致垄断和社会福利损失。陈兵和林思宇认为,平台企业通过数据和算法优势形成市场锁定效应,需要建立完善的政策体系进行约束。

二、国外平台监管实践

1890年,美国国会颁布了具有里程碑意义的第一部反垄断法——《谢尔曼法》,旨在禁止垄断协议和独占行为。然而,《谢尔曼法》在对某些行为的约束上力度不足。为了弥补这一不足,1914年,美国国会通过了《克莱顿法》,旨在反对不公平竞争,并成立了联邦贸易委员会(Federal Trade Commission,FTC)以加强监管。同时,特定行业的监管条例也得以制定,从而确立了美国联邦反垄断法的基本框架。美国国会和政府部门普遍认为,现行反垄断法依然适用于数字经济的各个领域。

在美国信息通信领域,有几个著名的反垄断案例。首先是对美国电话电报公司的反垄断行动。1933年,罗斯福总统上台后推行新政;1934年,《电信法》通过,并成立了联邦通信委员会(Federal Communications Commission,FCC)。根据《电信法》,美国电话电报公司作为网络通信信息产业的垄断经营者,一直垄断着大多数电信业务,直到1984年被法院裁决分拆,这一举措旨在将自由市场竞争机制引入长期被垄断的电信市场,被誉为"20世纪最大的企业拆分案例"。其次是20世纪70年代,美国司法部对IBM提起反垄断诉讼,最终IBM同意放弃软硬件一体化,为微软、英特尔等公司开发软件创造了机会。最后是1998年,美国司法部对微软提起诉讼,指控其利用市场影响力压制竞争对手,通过Windows操作系统推广自家浏览器,这一案件间接促成了谷歌、亚马逊等公司的迅速崛起。

近年来,亚马逊、Facebook、谷歌、苹果等互联网巨头迅速成长,形成了具有市场和舆论操控能力的庞大实体。特别是在新冠肺炎疫情暴发和美国国会山骚乱事件后,社交平台展现出的强大舆论动员能力促使美国开始更加重视对相关平台的反垄断调查。目前,美国国内两党均有支持拆分亚马逊、Facebook等大型互联网平台的声音,美国互联网平台正面临来自全球各地的严峻反垄断调查压力。2020年10月6日,美国国会众议院司法委员会反垄断小组委员会发布的《数字市场竞争调查报告》指出,苹果、谷歌、Facebook、亚马逊等科技巨头存在垄断行为,严重限制了数字行业的创新活力,破坏了数字市场的自由竞争和公平原则。

与此同时,欧盟也在加强对数字平台企业的监管。2020年,欧盟委员会公布了专门针对数字巨头的《数字服务法》和《数字市场法》。这些法案被广泛认为是针对美国科技巨头,旨在遏制大型数字平台的垄断行为。《数字服务法》侧重于加强数字平台在打击非法内容和虚假新闻传播方面的责任,对未能执行规定的企业,将处以其利润6%的罚款。《数字市场法》则定义了"看门人"角色,针对那些对市场产生重大影响的平台,对系统性违反法律的企业,欧盟将采取拆分、剥离等手段,迫使其卖掉部分业务,以停止不正当竞争行为。两部法案的共同目标是建立一个更加开放、公平、自由竞争的欧洲数字市场,保障欧盟数字单一市场的秩序和竞争,促进欧洲数字产业的创新、增长和竞争力提高。两部法案均以"权力越大,责任越大"和"线下禁止的,线上也应禁止"为原则,强化了对数字平台企业的规制。

不同国家在规制理念和执法方式上虽有所差异,但也有一些共同点:一是通常强调拓展监管思路、创新分析工具和灵活执法,并注重考虑国家利益;二是认为现行反垄断法的基本制度仍然适用,但需根据新问题做出适当调整,如欧美立法者和司法审判机关注意到数字平台的复杂性,提出反垄断执法还应综合考虑算法、数据、商业模式等因素;三是在平台治理中,强调企业的自治责任,加强平台透明化治理机制,建立具有威慑力的平台惩罚机制。

三、平台经济治理相关问题

(一)垄断和不正当竞争问题

平台企业在用户流量入口上的竞争日趋激烈,或通过巨额补贴价打压竞争对手空间,或借助垄断地位给生态中的企业施压,或在同类平台竞争中强迫中小企业站队,或提高平台的入驻成本、压缩中小企业利润等。针对社会各方反映较多的"二选一""大数据杀熟"等热点问题,2021年2月7日,国务院反垄断委员会印发并实施《关于平台经济领域的反垄断指南》(简称《指南》)。《指南》明确指出,认定平台经济领域滥用市场支配地位行为,通常需要先界定相关市场,分析经营者在相关市场是否具有支配地位,再根据个案情况分析是否构成滥用市场支配地位行为。《指南》指出,分析是否构成限定交易行为可以考虑三项因素:一是要求平台内经营者在竞争性平台间进行"选一",或者限定交易相对人与其进行独家交易的其他行为;二是限定交易相对人只能与其指定的经营者进行交易,或者通过其指定渠道等限定方式进行交易;三是限定交易相对人不得与特定经营者进行交易。

(二) 金融科技安全问题

随着全球金融市场开放性发展和互联网的普及发展,金融科技呈现出跨国界的特征。部分平台企业借助用户规模和业务场景,熟悉客户消费习惯逐渐形成了新的金融场景入口。有的企业借助概念炒作模糊主营业务,以科技创新名义包装上市,市值虚高,损害投资人利益;有的企业以科技进步颠覆传统场景为旗号,通过资本等形式影响舆论,形成有利于平台企业的舆论环境;有的企业因金融科技创新举措不当引发过度消费,如通过大数据引导年轻消费者进行过度消费,引发了更多的家庭和社会问题;有的企业存在放大杠杆的风险,导致未来诱发潜在金融风险。

(三) 网络侵权频发问题

近年来,网络购物合同纠纷、网络侵权责任纠纷、网络服务合同纠纷、网络侵权责任纠纷案件数量上升速度较快,已经在法院办理的案件数量大幅上升。根据北京市第四中级人民法院数据,在审理的互联网商事实体争议二审案件中,网络购物合同纠纷占77.02%,网络侵权责任纠纷占19.88%,网络服务合同纠纷占2.8%。其中,网络购物类平台案件数量占网络购物合同纠纷的74%,生活服务类平台和内容服务平台案件数量分别占到网络侵权责任纠纷和网络服务合同纠纷的22%和14%。实践中出现的网络谣言、人肉搜索、信息泄露、信息倒卖、非法窥视、非法偷拍等行为,都反映了我们对人格权保护的迫切需求。中国法学会王利明表示,网络侵权里面一半以上都是针对人格权的侵害,而之前法官在处理这些大量人格权侵权案件时找不到明确的法律依据。

(四) 算法推荐与算法合谋问题

随着人工智能技术的进步,算法推荐得到迅速发展,诸如大数据杀熟等做法越来越为消费者所诟病,而低劣内容的持续精准推送也屡见不鲜。算法推荐技术正在将人们带入个性化、定制化、智能化的信息传播时代,算法合谋也越来越多地被执法机构所关注。算法使得平台经营者之间的合谋变得更加隐蔽,平台经营者越来越多地利用算法进行定价,或者以算法为桥梁互相交流。从理论意义上看,由于算法合谋的隐蔽性较高、技术性较强,现有规制框架很难对默示的算法合谋进行认定。从现实意义上看,算法合谋的责任主体存在争议,责任承担较为模糊,监管体系应当进一步完善。

(五)数据垄断和个人信息保护问题

进入数字时代,数据价值激增,平台通过连接广大消费者,可以迅速获得大量公民、企业实时的数据。通过数据的跨平台共享、实时更新,一些超级平台掌握了大量优质的信息资源,已形成事实上的数据垄断。在相关数据权属尚未明确的情况下,平台作为营利机构,在数据的利用中要避免滥用数据、侵犯公民隐私和企业合法权益的行为。近几年,平台用户个人信息泄露、平台之间的数据争夺等隐私保护和安全问题引起越来越多关注,个人信息保护问题已成为当前互联网民商事案件审理中的热点之一。

(六)安全风险防控问题

当前,平台企业已经迅速扩张至金融、媒体等领域,与很多之前看似并不相关的行业发生交集,开始对公众利益、社会稳定、国家安全带来新的挑战,也给监管带来新的难题。例如,从国际上的一些案例看,社交媒体企业因为拥有数亿级用户规模,能够汇聚超强资源和社会组织动员能力,其潜能超过社交本身,一旦动员就有可能被"武器化"。并且,伴随部分平台逐步成为关键基础设施,掌握的数据涉及国计民生,可能对国家安全产生重要冲击和影响,如 Facebook 曾发生"泄密门"事件,被控影响政治竞选的情况。此外,平台在发展过程中也引发或伴生了一些社会问题,如外卖平台的食品安全问题、直播平台的色情问题、游戏平台的网络暴力问题、金融平台的诈骗问题等。因此,平台治理问题亟待破题,这既是平台发展的内生要求,也是数字治理的重要内容。

四、平台治理面临的挑战

(一)平台企业跨界综合发展有待规范

在细分领域累积实力并逐步延伸业务,打造完整的产业链、生态圈,并最终成为互联网超级平台企业,是互联网企业惯有的发展路径。近年来,发展互联网综合业务的企业逐渐增多,除稳固自身主营业务外,都在向对方领域扩张。大量企业同时布局安全及增值业务,并发展媒体及社交业务,市场竞争进一步加剧。另外,由于互联网商业模式的特殊性,平台企业本身就是流量入口,在免费产品的基础上可以通过增值服务或广告获利,从而导致两个在业务上完全不相关的企业可能发生不正当竞争纠纷。未来,互联网将与虚拟现实、人工智能等新兴技术深度融合,激发新业态、新模式,这预示着互联网商业竞争将再度升级,出现更多更复杂的新型竞争行为,现有不正当竞争行为的判定规则可能较难适用。

(二)平台违规技术取证能力有待提升

平台是通过网络运营的,网络特征使平台问题比线下交易的问题更为复杂。目前,我国司法实践主要采信公证处的公证文书,而公证处与用户同样处于弱势地位,违规企业可以通过封堵 IP 地址,或结合"云计算"技术分时段、分地域发送指令实施干扰等方式绕开公证处的监督,使不正当行为无法被取证。互联网市场不正当竞争行为的技术复杂性和隐蔽性,使用户、受害企业均无法通过一般的取证方法获取直接证据,行业管理部门更是缺乏以互联网行业管理为核心的执法技术能力,无法对不正当竞争行为进行实时监测。

(三)平台线上与线下的治理需要衔接

数字时代的很多问题在工业时代也存在,如假冒伪劣、诈骗和市场垄断等,但场景转移到平台上后,这些问题就有了新的特征,变成了更加复杂的新问题。很少有平台是纯粹线上、跟线下没有任何关系的。在保护消费者、打击交易欺诈、抵制售卖假冒伪劣商品等为线上和线下市场共同关注的治理领域中,一些初步研究指出,如果平台的数字身份认证、交易凭证、诚信等具有良好的机制设计,可能比线下更有利于防范问题发生。另外,线上问题之所以更受重视,是因为线下市场范围有限,破坏性也相对有限,而线上网络效应显著,破坏性也更大。此外,有些问题虽反应在线上,但其根源在线下,因此,在协同治理中必须采取线上与线下相结合的方式。

(四)平台企业多方治理机制有待形成

首先,相关法律法规尚未完善。有关互联网用户权益的保护性规定及诉权规则尚不健全,如对用户移动终端、内存、系统、驱动、内核等各层级资源,以及对用户个人数据信息缺乏法律保护。配套程序性部门规章的缺乏、相关部门之间执法边界不清晰，为行政工作的具体开展带来难度。其次，尚未对不正当竞争有效协同进行有效协同治理。目前，缺乏针对互联网领域监管执法的工作合力，特别是代表行业进行市场自治的行业协会等自律组织力量较为单薄，而由用户、行业管理部门、评测评级机构、行业自律组织、互联网企业等多方主体组成的市场均衡结构尚未形成，无法对不正当竞争进行有效协同治理，对于互联网企业劫持用户实施各种不正当竞争行为缺乏必要的市场制衡。

五、平台治理的思路策略

随着平台经济的蓬勃发展，其治理也面临着新的挑战和机遇。为了构建国家竞争优势并促进平台经济的健康发展，治理策略需从战略高度出发，遵循平台经济发展的内在规律，通过明确规则、划定界限、规范秩序，逐步探索分类分级等规范化管理方式。

第一，坚持创新发展与规范引导的双轮驱动。平台经济正处于快速变革之中，治理策略也应随之更新，特别是对于出现的问题，需及时采取果断措施。我国作为数字经济创新的大国，应把握平台经济发展的关键时期，既要立足长远，又要解决当前突出问题，同时补齐短板、强化弱项，营造良好的创新发展环境。在坚持底线思维的同时，也要依法规范平台行为，推动平台经济规范、健康、持续发展。

第二，建立平台经济运行的动态监测系统。通过强化行政管理与技术手段的结合，构建跨部门、跨行业、跨区域、跨层级、跨业务的综合治理系统，实现监管系统的互联互通。建立数字平台经济的网上动态监测分析系统，实时收集数据，根据监管结果调整监管策略，使平台治理更加科学有效，符合数字时代的需求。

第三，坚持依法治理，营造良好的营商环境。依法治理是平台经济治理的基础，应根据具体情况选择合适的治理模式。为实现科学管理和简政放权，需简化行政许可事项，建立统一协调的数字平台经济许可管理制度，构建新型数字平台经济监管机制。

第四，积极维护市场秩序，打造健康的生态系统。随着平台企业规模的扩大，治理的复杂性也随之增加。应注重公平竞争环境的建设，维护消费者权益，促进平台企业公平竞争,反对市场垄断,防止资本无序扩张。政府在平台治理中应发挥监管作用,同时鼓励平台自治和行业自律,形成治理合力,兼顾各方利益,共同维护数字经济秩序。

第五,探索对数字平台的分级、分类监管。针对不同业务类型和影响力,对数字平台服务提供者进行分级,明确权责,形成全面覆盖的治理机制。通过对数字平台企业进行科学合理的分级,采取相应类型的治理和监管模式,以促进平台经济的有序发展。

第三节 应对新智能价值挑战的算法治理

一、人工智能的应用前景

20世纪五六十年代,人工智能的理论基础初步形成,引发了广泛的乐观情绪和第一波热潮。然而,由于技术的局限性,人工智能并未能立即达到预期的高度。直到2010年左右,随着IT技术和产业的成熟,海量数据的积累和计算成本的降低,特别是深度学习技术的重大突破,人工智能迎来了新的发展机遇。

人工智能及其新一代信息技术的创新,有望解决当今世界面临的诸多难题。同时,基于人工智能的无人系统也成为国际军事竞争的关键。人工智能可分为通用人工智能和专用人工智能两大类。通用人工智能指的是能够执行"通用任务"的智能系统,具备类似人类的学习、推理、认知和解决问题的能力。目前,通用人工智能尚处于起步阶段,需要神经科学等领域的理论突破,预计未来发展还需较长时间。而专用人工智能,尽管在不同领域的工作属性、对象和流程上存在差异,但已在多个领域展现出其转换工作流程、处理大数据和解决特定问题的能力,如AlphaGo在围棋领域的胜利,以及在图像识别和人脸识别中超越人类的表现。

人工智能的发展依赖于数据、算法和算力三大要素。它不仅需要处理器、芯片等硬件基础设施的支持,还需要自然语言处理、计算机视觉等技术的发展。近年来,建立人工智能相关的基础数据集已成为行业共识,而算法和算力领域的新技术和人才需求也日益受到关注。人工智能的应用普及程度因行业而异,特别是在数据能力强的组织中,人工智能的应用更为广泛。得益于市场和人才优势,我国在人工智能技术研究方面已走在世界前列。

国际经济合作与发展组织(Organization for Economic Co-operation and Development,OECD)对其12个成员国的人工智能战略和政策进行回顾,发现了几个共同特点:所有计划都相对较新,多数在过去5年内制定;私营部门从一开始就参与计划设计;资金来源通常由公共和私营部门共同提供;区域战略发展是许多项目的目标之一;所有项目都强调加强国际合作的必要性。我国政府围绕人工智能领域的研发、应用推广和产业发展,已颁布了一系列政策文件,如《国务院关于积极推进"互联网+"行动的指导意见》《"互联网+"人工智能三年行动实施方案》《"十三五"国家科技创新规划》等,均将人工智能定位为国家科技产业发展的重要内容。2017年,国务院发布的《新一代人工智能发展规划》提出了人工智能发展的顶层战略设想,明确了人工智能已成为国际竞争的新焦点,并针对其发展面临的机遇和挑战,提出了"三步走"战略:到2020年,部分领域人工智能伦理规范和政策法规初步建立;到2025年,建立较为完善的人工智能法律法规、伦理规范和政策体系,形成人工智能安全评估和管控能力;到2030年,建成一批全球领先的人工智能科技创新和人才培养基地,形成更加完善的人工智能法律法规、伦理规范和政策体系。

二、人工智能的治理问题

各国对人工智能的担忧主要集中在其深度应用所带来的问题、困难和挑战,尤其是需要解决与广泛部署人工智能相关的监管和社会问题。

首先,人工智能引发的最主要争议在于其可能导致人类失业,即机器取代人类的工作岗位。虽然机器对人类工作具有替代性,但同时也存在互补性,许多潜在影响目前尚难以完全预测。例如,2000年美国制造业的就业人数约为1700万,而如今减少至约1200万,许多转移至国外的工作岗位是低技能或中等技能职位,而这些职位现在也面临着机器人的威胁。曾经被视为"知识经济"的工作,如今也被归入低技能工作的范畴。麦肯锡全球研究院分析指出,中国劳动力市场中51%的工作内容存在自动化潜力,这可能对约3.94亿全职工作造成冲击,服务业领域的岗位也将越来越多地被人工智能技术所取代。世界银行的预测数据显示，技能含量低的就业岗位被技术取代的趋势在劳动密集型产业集中的国家更为显著。目前，中国约55%至77%的工作岗位未来容易受到技术取代的影响，印度的比例为43%至69%，而OECD国家为57%。

其次，智能安全问题也日益凸显。随着机器人智能化程度的提高，可能出现执行边界问题，例如被指令攻击他人或设施。特别是在军事领域，人工智能的重要性日益增加，关键基础设施、银行系统、医院系统、国家核反应堆等可能成为黑客攻击的目标。随着人工智能技术的发展，先进的网络武器可能破坏核力量的平衡和稳定，新的技术型人工智能网络军备竞赛的风险不容忽视。

最后，近年来，国际社会对人工智能涉及的伦理和道德问题给予了广泛关注。例如，一些企业为了商业利益，利用Deepfake换脸技术进行面部替换。这种基于人工智能生成式对抗网络的伪造技术能够用一张人脸图片替换视频中的原始人像，生成逼真度极高的伪造视频。这项技术自2017年由Reddit用户"deepfakes"提出并开源后，迅速衍生出FakeApp等视频合成工具和一系列伪造影片。人工智能的治理问题因此引起了国际社会的广泛关注（见表3-1）。2019年4月，欧盟委员会发布了《可信人工智能的道德准则》；5月，OECD通过了《人工智能治理原则》，成为全球首个多边主体签署的人工智能治理原则；6月，G20（二十国集团，Group of 20）贸易和数字经济部长会议通过了《人工智能原则》。我国也在2019年6月发布了《新一代人工智能治理原则——发展负责任的人工智能》。此外，微软、谷歌、Salesforce等企业和机构也制定了各自的人工智能原则，而《网络空间洛马人工智能23条原则》也受到了广泛关注。

表3-1 部分机构人工智能治理原则

	欧盟《可信人工智能的道德准则》	OECD《人工智能治理原则》	G20《人工智能原则》
时间和影响	2019年4月，欧盟委员会发布正式版，提出实现可信赖人工智能全生命周期的框架	2019年5月，全球首个由多边主体签署通过的人工智能治理原则	2019年大阪峰会通过，世界主要经济大国首次就对待人工智能的原则达成一致

续 表

	欧盟《可信人工智能的道德准则》	OECD《人工智能治理原则》	G20《人工智能原则》
治理原则	一是尊重人的自主性。人工智能系统的设计应该旨在提高和补充人类的认知、社会和文化技能。 二是不伤害人类。人工智能系统不应该造成、加重伤害，或对人类产生不良影响。人工智能系统有必要保护人的尊严和身心健康。 三是公平原则。人工智能系统的开发、实现和应用须秉承公平性原则，应确保个人和组织不会受到不公平的待遇或歧视。 四是公开透明。整个决策过程和输入输出的关系应该是透明的、可解释的	一是人工智能系统应通过促进包容性增长，实现可持续发展和增进民生福祉，使人类和地球受益。 二是人工智能系统的设计应尊重法律、人权、民主价值观和多样性，并应涵盖适当的保障措施，以确保社会公平公正。 三是人工智能系统应该有透明度和负责任的披露，以确保人类了解在与系统进行互动时可能带来的结果。 四是人工智能系统必须在其整个生命周期内以稳健和安全的方式运行，且应不断评估和管理潜在风险。 五是开发、部署或运营人工智能系统的机构和个人应依据上述原则对系统的正常运作负责	一是利益相关方应积极推动可信人工智能的负责任管理，促进包容性增长及可持续发展，并增进人类福祉。 二是应倡导以人为本的价值观和公平性，在整个人工智能系统的生命周期中应尊重法治、人权和民主价值观。 三是应提升人工智能的透明度和可解释性，特别是人工智能各参与方应对事关人工智能系统透明度的信息进行负责任的披露。 四是人工智能系统在其整个生命周期中都应该具备稳健性、信息安全性和物理安全性。 五是人工智能参与者应根据其角色、实际情况和当前技术水平承担相关责任，以确保人工智能系统能正常运行并尊重前述原则

国际社会在人工智能治理方面已初步形成了一些共识性理念。首先，人工智能系统应助力实现包容性增长，促进人类福祉。负责任的人工智能旨在确保其对全球所有人公平有益。例如，增强人工智能的能力和创造力，促进边缘群体的融合，减少国家内部的经济和社会不平等，实现可持续的经济增长和福祉。在此过程中，应考虑与各方进行对话，并向决策者提供信息。其次，人工智能系统应倡导以人为本的价值观和公平性，在整个生命周期中尊重这些原则。透明度和可解释性也是关键，人工智能系统应易于理解和审查。再次，人工智能系统必须在其整个生命周期内以稳健和安全的方式运行，即具备可靠性和安全性。最后，问责制度至关重要，开发、部署或运营人工智能系统的机构和个人应根据上

述原则对系统的正常运作负责。总体而言,"可信赖、负责任"已成为当前和未来一段时间人工智能治理的基本共识,也是接下来需要重点关注的方向和持续参与的重点。

三、针对算法导向的风险防范

算法推荐作为一种新兴的互联网业态,近年来迅速崛起。它通过追踪用户网络行为,运用复杂的数学算法分析个人特征和环境特征,预测并推荐用户可能感兴趣的内容。目前,算法推荐技术已广泛应用于新闻、视频、广告、社交和购物等多个社会经济领域,成为个性化推荐用户内容的重要工具。尤其在新闻分发领域,算法推荐已成为信息生产、审核、分发和推送的关键技术。然而,这项新技术在提高网络新闻分发效率的同时,也带来了一系列挑战。算法推荐和机器人写作等人工智能技术,虽然基于数学和计算机代码,看似客观,但由于算法设计、目标、标准和数据选择都受到设计者和开发者主观选择的影响,这些主观因素决定了内容的选择和呈现。具体问题主要表现在以下三个方面。

第一,智能推荐可能导致"信息茧房"现象,用户只接触到单一的内容和观点,从而加剧了信息的窄化。这可能导致热点事件和争议性问题被过度放大,影响用户的情绪和价值观,甚至可能导致价值取向的偏颇。第二,算法推荐可能混淆用户的价值判断,降低新闻舆论的监督能力。由于用户数据的使用权属和边界尚未明确界定,新闻分发平台可能利用用户的个人隐私数据,如宗教信仰、种族、政治意见、消费习惯等,通过算法有目的地推送信息,以达到政治或商业目的。同时,由于人工智能技术本身缺乏价值判断,可能对新闻内容的尺度、时机和影响把握得不准确,从而削弱新闻媒体的舆论监督功能。第三,算法推荐加大了数据收集、使用和流通过程中的法律风险。数据作为人工智能技术的基础资源,其过度收集和使用可能导致法律风险,包括非法收集用户敏感信息。此外,数据的流通可能导致黑色产业链的形成,增加个人和相关部门对数据控制和管理的难度。由于算法技术主要依赖于人工智能技术,而人工智能技术并非完全客观中立,其背后反映了设计者的价值观。因此,科技应成为辅助新闻价值传递和塑造社会正确价值取向的工具,而非仅仅追求利益最大化。

算法问题已引起社会广泛关注。为了加强算法技术的治理,我们需要积极发挥科技的价值导向作用,并强化以下三个方面。首先,加强新闻分发平台的监管治理,强化企业对社会责任和法律法规的尊重,建立有效的问责机制,提升对新闻内容质量的把控。其次,加强平台对人工智能技术的把关,规范技术适用范围和使用标准,特别是对传播伦理敏感的技术进行改造,强化算法技术对数据和新闻源头的筛选过滤,降低伦理失范风险。最后,明确"人"在新闻传播中的主体性,充分发挥新闻机构和新闻工作者的引导作用,与智能推送、机器人写作等人工智能技术形成优势互补,确保新闻的客观性和公正性。

第四章

数字治理的重点领域

第一节 数据治理

随着数字经济的迅猛发展,数据已逐渐成为这一新兴经济形态中的核心战略资源和关键生产要素。在这一背景下,数字治理显得尤为重要,它是确保数字经济持续健康发展的基石。在数字经济的大潮中,大规模的数据收集和(跨境)数据流动已成为新常态。然而,这一过程中潜在的利益冲突和风险问题,正日益成为全球各国政府在经济社会治理领域关注的热点。

世界银行在其《2021年世界发展报告》中"数据治理与社会契约"部分的"健全的数据法律有助于建立信任环境"章节中提出了一个以"信任"为核心的全球数据治理法律框架。该框架通过分析80个国家的法律、法规和行政措施,从保障措施和支持手段两大维度出发,评估了各国在数据治理和监管方面的现状。保障措施旨在通过预防或限制数据滥用可能带来的损害,以促进数据交易的信任,涵盖个人数据保护、非个人数据安全、网络安全与网络犯罪防范,以及跨境数据流动四个关键领域。而支持手段则关注为数据经济的发展提供坚实的支撑,包括电子商务、公共数据开放以及特定数据使用许可三个方面。

研究结果显示,参与国家在保障措施和支持手段的实施上,分别只有41%和47%的比例,表明在这些领域仍有巨大的提升空间。此外,参与国家在支持手段方面的得分普遍高于保障措施,而在电子商务领域的表现尤为突出,相比之下,在个人数据保护和跨境数据流动等方面的成效则相对较低。

显而易见,数据治理构成了数字经济治理的关键环节。在开发和利用数据资源的过程中,如何确保国家数据资源的安全,保护政府、企业和个人数据不受非法收集、盗窃和滥用的威胁,已成为亟待解决的治理难题。同时,鉴于数据的固有特性,只有通过流动才能充分释放其潜在价值,因此,建立数据确权、推动非隐私数据的有效流动(无论是在国内还是跨境),以及完善数据开放共享的制度,同样成为迫切需要构建的治理体系。

一、个人数据治理

在数字经济的浪潮中,个人数据的收集与使用日益增多,却也带来了意想不到的风险,尤其是敏感信息的泄露和匿名数据的潜在关联性。这些侵犯隐私的行为不仅威胁到个体的安全,更触及价值原则的核心,对整个社会的信赖基础造成了深远的影响。因此,如何妥善管理隐私和个人数据,构建起社会信任,成为一个亟待解决的课题。隐私保护不仅是一项基本权利,更是个人数据在组织间和国际自由流动的前提条件。

一种有效的隐私保护策略是赋予个人更大的权力,让他们能够对个人数据的处理有更多的保障和控制。提高个人数据收集和使用的目的和透明度,加强用户对其数据的访问和控制,这些都是建立数字经济时代信任的关键。技术的进步可以通过"隐私设计"(Privacy by Design)的理念来增强信任,即在产品设计或服务开发的最初阶段就将隐私保护纳入考量,而非事后补救。将隐私保护的原则嵌入技术之中,有助于减少不必要的个人数据收集。

在全球范围内,不同国家和地区采取了不同的数据治理实践。欧盟通过自上而下的立法方式,推动了统一的监管体系。《通用数据保护条例》(General Data Protection Regulation,GDPR)作为欧盟个人信息保护的里程碑,其强制性的实施力度、全面的信息保护体系以及对医疗健康、生物标识等敏感领域的保护,都体现了对个人隐私的高度重视。GDPR引入被遗忘权、数据携带权等创新权利,并要求企业在数据处理全流程中贯彻隐私设计,同时设立数据保护官等职位,确保个人信息处理的合规性。

美国则采取了行业驱动与政府监管相结合的多方治理模式。美国政府倾向于市场自我调节,鼓励行业组织制定管理规范,发挥行业自律的作用。美国没有统一的个人信息保护法,而是在关键领域如电子通信、儿童在线隐私等方面制定了专门法规。行业自律在美国个人信息保护中扮演了重要角色,通过行业认证等方式提升保护水平。美国联邦通信委员会和联邦贸易委员会分别负责不同领域的个人信息保护,尽管两者在监管机制上有相似之处,但也有差异。

中国近年来也在个人信息和数据保护方面取得了显著进展。全国人大及其常委会、网信办等多部门相继发布了多项与个人信息和数据保护相关的法律法规(见表4-1)。2021年8月,《中华人民共和国个人信息保护法》的通过,标志着中国在个人数据隐私保护立法方面迈出了重要的一步,不仅提升了国内个人数据保护水平,也增强了与国际数据保护制度的互操作性。为配合这一法律的实施,相关部门还制定了数据分级分类、重要数据识别等指导文件,从各自管理领域推动数据治理工作,展现了中国在数据治理方面的积极努力和坚定决心。

表4-1 中国个人信息保护相关法律法规

法　　律		
时　间	文件名称	发布部门
2018年8月31日	《中华人民共和国电子商务法》	全国人大
2019年10月26日	《中华人民共和国密码法》	全国人大
2021年6月10日	《中华人民共和国数据安全法》	全国人大
2021年8月20日	《中华人民共和国个人信息保护法》	全国人大
决　　定		
时　间	文件名称	发布部门
2012年12月28日	《全国人民代表大会常务委员会关于加强网络信息保护的决定》	全国人大常委会
部　门　规　章		
时　间	文件名称	发布部门
2000年9月25日	《互联网信息服务管理办法》	网信办
2013年9月1日	《电信和互联网用户个人信息保护规定》	工信部

续表

部 门 规 章		
时 间	文 件 名 称	发 布 部 门
2014年1月26日	《网络交易管理办法》	工商局
2014年3月19日	《寄递服务用户个人信息安全管理规定》	邮政局
2017年11月27日	《教育部办公厅关于全面清理和规范学生资助公示信息的紧急通知》	教育部
2018年5月21日	《银行业金融机构数据治理指引》	银保监会
2019年3月	《App违法违规收集使用个人信息自评估指南》	App专项治理工作组
2019年4月10日	《互联网个人信息安全保护指南》	公安部
2019年6月12日	《国家邮政局、商务部关于规范快递与电子商务数据互联共享的指导意见》	邮政局、商务部
2021年3月15日	《网络交易监督管理办法》	市场监管总局

司 法 解 释		
时 间	文 件 名 称	发 布 部 门
2017年6月1日	《最高人民法院、最高人民检察院关于办理侵犯公民个人信息刑事案件适用法律若干问题的解释》	最高人民法院、最高人民检察院
2018年11月9日	《检察机关办理侵犯公民个人信息案件指引》	最高人民检察院

行 业 规 定		
时 间	文 件 名 称	发 布 部 门
2016年7月1日	《个人信息保护技术指引》	中国支付清算协会技术标准工作委员会

二、跨境数据治理

从跨境视角审视,各国在数据治理的立场和策略上呈现出显著差异。美国以维护其产业竞争优势为核心,倡导个人数据的自由跨境流动,并提出以下具体主张。

第一,美国坚持个人数据跨境自由流动的原则,并利用其在信息通信产业和数字经济的全球领先地位,引导全球数据流动政策的发展方向。在美国主导的《跨太平洋伙伴关系协定》(Trans-Pacific Partnership Agreement,TPP)中,美国明确提出,在确保合法公共政策目标得到保障的前提下,推动全球信息和数据的自由流动,以促进互联网和数字经济的发展。美国还强调,不应将设立数据中心作为市场准入的条件,也不应要求转让或获取软件源代码。

第二,美国限制关键技术数据的出口和特定领域的外国投资,以遏制战略竞争对手的发展,并确保其在科技领域的全球领导地位。美国的《出口管理条例》规定,技术数据"传输"到境外服务器进行保存或处理,需获得商务部产业与安全局(Department of Commerce, Bureau of Industry and Security, BIS)的出口许可。此外,美国外资投资委员会(The Committee on Foreign Investment in the United States, CFIUS)有权审查并限制可能影响美国安全的广泛投资和出口交易,通过《外国投资风险审查现代化法案》等机制,保护关键新兴技术。

第三,美国制定受控非密信息(Controlled Unclassified Information, CUI)清单,明确界定"重要数据"的范围及相应的管控措施。CUI列表详细列出了包括关键基础设施、国防、金融等多个领域的数据类别,并根据数据的敏感性,将传播范围分为七个等级,从严格禁止向外国传播到仅对特定国民开放。

第四,美国通过"长臂管辖"原则,扩大国内法律的域外适用,以满足跨境数据调取的执法需求。《澄清境外数据的合法使用法案》(CLOUD法案)赋予美国执法机关调取海外数据的权力,并为与其他国家签订双边条约提供了路径,确保数据的安全调取。

欧盟则以高标准的个人信息保护为基石,推动其数字化单一市场战略。欧盟的主张包括:

第一,实施《数字化单一市场战略》,消除成员国间的数据流动障碍,将28个成员国整合为一个统一的市场,促进数字经济的发展。第二,通过GDPR和《非个人数据在欧盟境内自由流动框架条例》,规范统一后的数字经济市场,实现个人数据在欧盟范围内的自由流动,并消除数据本地化要求。第三,通过"充分性认定",欧盟确定了数据跨境自由流动的白名单国家,推广其数据保护立法的全球影响力。第四,在遵守适当保障措施的前提下,欧盟提供了多样化的个人数据跨境流动方式,包括公共当局间的文件、公司规则、标准数据保护条款等。第五,欧盟积极推进犯罪数据的境外调取,通过《电子证据跨境调取提案》,允许成员国执法或司法当局在满足一定条件下,直接向服务提供商要求提交电子证据。

印度则通过实施数据本地化政策来促进本国数字经济的发展。印度的主张包括:首先,推进数据本地化政策,建立数据中心,同时为初创企业和跨国企业内部数据传输等提供豁免。其次,对个人数据实施分级分类,对不同类型的数据实施不同程度的本地化要求和跨境流动限制。最后,强制本地化存储支付数据,以促进印度银行和金融业的发展。在中国,近年来,全国人大常委会、国务院等机构陆续出台了与数据跨境传输相关的法律法规(见表4-2)。《个人信息和重要数据出境安全评估办法》和《个人信息出境安全评估办法》直接关联数据跨境传输。2021年,网信办发布的《数据出境安全评估办法(征求意见稿)》明确了需要进行安全评估的情形,包括重要数据和大规模个人信息的跨境传输。中国在个人信息和重要数据的界定上,采用了国际主流的"可识别性"和"关联性"标准,并在《个人信息安全规范》等国家标准中明确了个人信息的范围。在重要数据的界定上,中国参考了美国的CUI概念,提出了涵盖多个重要行业和领域的数据分类。

表4-2 我国跨境数据流动相关法律法规

法律		
颁布时间	文件名称	相关条款
2016年11月7日	《中华人民共和国网络安全法》	第37条、第42条
2021年6月10日	《中华人民共和国数据安全法》	第2条、第11条、第36条、第46条

续　表

法　律		
颁布时间	文件名称	相关条款
2021年8月20日	《中华人民共和国个人信息保护法》	第3条、第12条、第36条、第三章

行政法规		
时间	文件名称	相关条款
2013年1月21日	《征信业管理条例》	第24条
2024年1月12日	《中华人民共和国档案法实施条例》	第18条

部门规章		
时间	文件名称	相关条款
2011年1月21日	《人民银行关于银行业金融机构做好个人金融信息保护工作的通知》	第6条
2011年12月29日	《关于会计师事务所承担中央企业财务决算审计有关问题的通知》	第4条
2014年5月5日	《人口健康信息管理办法（试行）》	第10条
2016年7月27日	《网络预约出租汽车经营服务管理暂行办法》	第27条
2017年4月11日	《个人信息和重要数据出境安全评估办法（征求意见稿）》	—
2019年6月13日	《个人信息出境安全评估办法》（征求意见稿）	—
2021年10月29日	《数据出境安全评估办法》（征求意见稿）	—

在适用范围上，中国的法律法规强调属地管辖和域外适用。《中华人民共和国网络安全法》和相关评估办法均针对"境内运营中收集和产生的"数据，而《中华人民共和国个人信息保护法》则首次将行政执法权扩展到境外主体的特定行

为。对于数据出境的判定，中国采取了以国家地理边界为主要认定准则的立场，同时，数据接收主体的国籍也逐渐成为判定标准之一。在数据跨境传输机制上，中国与部分发达国家在电子方式跨境传输数据的规则上存在争议，美国等西方国家认为中国的数据本地存储要求可能构成数字贸易壁垒。

三、数据治理国际机制

在区域性和多边层面，全球政府间就推动跨境数据流动的政策议题展开了广泛讨论，并在一定程度上达成了共识。跨境数据流动的国际合作主要分为两大类：一是全球性的国际合作框架，如世界贸易组织（World Trade Organization，WTO）制定的相关协议；二是以自由贸易区或区域性国际组织为基础的双边、多边或区域性合作框架及其协议。

世界贸易组织

WTO通过了几项与数字贸易密切相关的协议，包括免除计算机和信息技术设备关税的《信息技术协定》（Information Technology Agreement，ITA）、涵盖信息技术贸易中知识产权保护的《与贸易有关的知识产权协定》（Agreement on Trade-Related Aspects of Intellectual Property Rights，TRIPS），以及包含金融服务、计算机服务和电信章节的《服务贸易总协定》（General Agreement on Trade in Services，GATS）。然而，这些协议尚未明确涵盖跨境数据流动和互联网相关新兴产业。WTO自1998年起便启动了"电子商务工作计划"，并在移动互联网兴起后，开始重视电子商务（数字贸易）对全球经济发展的推动作用。自2016年起，美国在WTO提出全面讨论电子商务议题的提案，以《跨太平洋伙伴关系协定》中的"数字24条"为核心，首次引入跨境数据流动等新议题。至2021年12月，86个WTO成员在电子商务谈判中已取得实质性进展，力争在2022年年底前达成协议。

《区域全面经济伙伴关系协定》（Regional Comprehensive Economic Partnership，RCEP）

2012年，东盟发起的RCEP经过八年谈判，于2020年11月15日由中国、日本、韩国、澳大利亚、新西兰和东盟十国共15个国家正式签署。RCEP被认为不仅能推动区域货物贸易,还能在数字贸易领域助力区域经济一体化升级和全球规则制定。尽管 RCEP 在数字贸易领域的突破有限,但它确实为解决数据确权、认证和数字贸易规则制定等问题提供了重要平台。

《全面与进步跨太平洋伙伴关系协定》(Comprehensive and Progressive Agreement for Trans-Pacific Partnership,CPTPP)

CPTPP 由 12 个国家于 2018 年 3 月 8 日签署,被视为亚太地区首个大型自由贸易协定。CPTPP 保留了完整的"电子商务章节",强调信息和数据在全球的自由流动,并明确禁止计算设施本地化要求和源代码转让,以保护知识产权和创新。

《美墨加协议》(The United States-Mexico-Canade Agreement,USMCA)

USMCA 是加拿大、墨西哥和美国之间的自由贸易协定,亦称"北美自由贸易协议 2.0"。该协议强调金融业开放,更新金融服务章节,并限制金融监管者要求数据本地存储,禁止数据本地化要求。

APEC 跨境隐私规则(Cross-Border Privacy Rules,CBPR)

CBPR 体系是 APEC 为促进成员间数据流动而设立的自愿参与机制。CBPR 体系要求参与经济体加入《亚太经合组织跨境隐私执法安排》(Cross-Border Privacy Enforcement Arrangment,CPEA),并提交包含国内隐私执法机构和第三方认证机构信息的申请。

"欧盟-美国隐私盾框架"

"欧盟-美国隐私盾框架"是为支持跨大西洋贸易而设计的机制,旨在促进欧盟个人数据向美国转移。尽管"欧盟-美国隐私盾框架"不是双边协议,但其原则清单被欧盟委员会认可为有效保护公民隐私数据的手段。然而,2020 年 7 月,欧洲法院在 SCHREMS II 案中裁定"欧盟-美国隐私盾框架"协议失效。

《数字经济伙伴协定》(Digital Economy Partnership Agreement,DEPA)

DEPA 由新西兰、新加坡和智利于 2020 年 6 月签署,是一项综合性、前瞻性的协议,旨在解决数字经济中的关键问题。DEPA 向其他国家开放,中国于 2021 年 10 月宣布申请加入 DEPA。该协定的核心任务是使可信任的数据流成为可能,推动数字贸易的发展。

第二节　数据的交易和共享

一、数据权益的界定和收益分配

数据作为新兴的生产要素,具备三个显著特征:非竞争性、外部性和部分排他性。

非竞争性,指的是数据的使用者之间不会相互排斥,即一方对数据的利用不会影响其他方的同等使用。这种特性意味着同一数据集可以被多方用于不同目的,而不损失其功能,且数据的价值往往随着规模和使用范围的扩大而增加。

外部性,特别是指隐私外部性,描述了一个个体分享隐私数据可能对其他个体隐私权利产生的影响。例如,在信贷评估中,个人的偿债能力可能受到其社交关系的影响。个体在决定是否披露数据时,不仅影响自身的信用评分,还可能波及其亲友的信用状况。这种现象在隐私保护领域导致了"公地悲剧",即个体保护隐私的相对收益微小,而拒绝分享隐私数据所带来的不便却相当显著。

部分排他性,涉及在互联互通的系统中对数据访问的控制能力,这要求在数据安全方面进行持续的投入。确保数据收集者和处理者有动力投入资源保护数据,需要通过有效的激励机制来实现。

《中华人民共和国数据安全法》将数据定义为"任何以电子或者非电子形式对信息的记录",包括电子数据和非电子数据。在实践中,数据被区分为个人数据和公共数据,后者进一步细分为政府数据和商业(工业)数据。法学界借鉴欧盟的数据权益界定经验,基于数据的多主体性和全生命周期,普遍认为数据涉及人格权、财产权和国家主权等多重权益。具体来说:

个人数据人格权益:个人数据是数据主体人格利益的体现,是自然人参与社会交往的载体和个人人格发展的工具。

数据处理者的数据财产权益:衍生数据是由个人数据或公共数据转化而来的匿名数据,其人格标识功能已被消除,属于财产范畴。衍生数据的关键特征是,即使通过再识别技术,也无法准确还原到个人。

国家主权或公众利益：当个人或公共数据积累到一定规模时,其与国家主权或社会大众的公共利益密切相关,反映了数据集聚可能带来的风险。

学者们提出了新型权利理论,主张建立新型的数据财产权,包括数据制造者对数据集合的占有、处理、处分的财产权,以及企业基于"数据池"形成的"抽象的集合性财产权利"。还有观点认为,应通过创设代码空间权来解决数据权利问题,即赋予代码空间主体对代码空间的保持、利用、管理和控制的自由。

在数据交易中,收益分配也是一个重要议题。个人数据主体作为原始数据的生产者,拥有对个人数据初始权益的定价权。数据处理机构通过提供服务获得个人数据的处理权,而个人则以提供个人数据作为享受数字化服务的对价,实现利益平衡。通常情况下,数据处理机构无须向个人数据主体支付额外的数据使用费,但必须承担保护个人数据安全和隐私不受侵犯的责任。对于衍生数据,数据处理机构享有其产生的财产权益,包括使用权和排除他人非法或不正当使用的权利。尽管衍生数据可能源自个人数据,但由于个人未参与数据处理过程,且衍生数据已无法映射回个人,因此个人不享有衍生数据的财产权。

二、数据资产和定价

在数据产权界定的基础上,数据被赋予了可交易性,从而转化为一种具有实际价值的资产。数据资产的概念涵盖了丰富的内涵,它不仅包括未经加工的原始个人数据和公共数据,还包括经过处理的匿名数据,以及基于这些数据衍生出的各种数据产品和服务。数据资产的交易可以通过单一的数据提供者直接进行,也可以通过第三方"数据销售商"或者专门的数据交易平台来完成。

数据资产由于其独特性,展现出以下三种显著特征。

边际成本趋近于零：数据资产的再生产成本极低,这是因为数据的整合过程需要大量的人工干预,包括数据信息的筛选、翻译和融合。尽管数据产品的初始创作成本较高,但随着大数据技术的发展,特别是摩尔定律的预测,数据资产的整合、存储等成本预计将进一步降低。这意味着数据资产的首次创作成本将逐渐减少,而且每次复制或再生产的边际成本几乎为零。

价值不确定性：数据资产的价值具有较大的不确定性，这取决于数据的体量、结构、时效性以及整合程度，同时也与数据的具体应用场景紧密相关。这种不确定性为数据资产的估值和交易带来了挑战。

非标准化特性：数据资产的价值因其使用者的目的、知识水平、能力、私有信息以及已有数据资产的不同而有很大差异。同样的数据资产，对于不同的买方可能具有截然不同的价值，因此在交易中，即便是在同一时间、同一地点，数据资产的价格也可能因使用者的不同而有所差异。

数据资产的交易方式多样，主要包括捆绑销售、订阅和租赁、拍卖以及平台交易等。捆绑销售在数字产品领域十分普遍，这得益于数字产品的低复制成本以及买方的异质性。订阅和租赁式交易则更适用于那些经过一定程度标准化的数据信息服务，或者是根据特定需求定制的数据信息产品服务。拍卖则适用于那些具有一定稀缺性、需求较高且难以定价的数据资产。而平台交易则为消费者和企业之间的数据流通提供了便利。

在定价策略方面，根据交易方式的不同，现实中常用的数据资产定价方式包括预定价、固定定价、拍卖定价、实时定价、协议定价以及免费增值等。此外，还可以根据价格是否可变动，将定价策略划分为动态价格策略和静态价格策略。这些多样化的定价方式为数据资产的交易提供了灵活性，同时也对数据资产的价值评估和管理提出了更高的要求。

三、数据交易、流通和共享

数据交易与流通在实践中面临一系列挑战，包括隐私保护、流通标准、共享平台等问题，需要明确四个关键点。第一，数据流通的范围需要界定，包括哪些数据可以流通、以何种形式流通，以及个人数据涉及的责任分配问题。第二，鉴于企业 IT 基础架构的多样性，需要建立统一的数据流通标准架构，以确保不同系统间的互操作性，解决数据的"迁移"难题和"信息孤岛"问题。第三，数据共享平台及其机制需要一套完整的制度设计。第四，数据流动的监管问题不容忽视，需要实现对数据流通全链条的有效监管。

政府和相关机构在引导和监管方面扮演着重要角色，需要完善数据流通的全链条规则,支持数据合理定价,提高数据流通和共享的程度。首先,针对不同类别的数据,应制定明确的数据质量标准规范,包括数据的完整性、系统性、正确性和时效性等,这对于构建数据交易平台至关重要。其次,应建立统一的数据资产交易规则,涵盖交易平台设计、运营体系、数据定价、交易模式和准入机制,鼓励采取灵活的数据定价方式和交易方式,促进数据资产交易的规范化和透明化,防止因垄断或信息不对称造成的问题。最后,应重视数据交易中的安全和隐私保护,建立安全与发展并重的数据管理和保障体系,防止数据泄露、篡改和删除等问题,制定隐私保护规则,提高对隐私侵犯行为的处罚力度,并鼓励采用隐私计算、联邦学习等技术手段保护数据交易过程中的安全性。

在国内数据流通、开放和共享的具体实践中,有几个方面值得关注。例如,《上海市数据条例》规定了公共数据的分级分类,将数据分为无条件开放、有条件开放和非开放三类。同时,参与交易和流通的主体也应进行分级分类,如北京大数据交易所的实践所示。此外,交易流通中还需要中介服务和技术体系的支持,包括律师事务所、会计师事务所等中介机构,以及提供数据清洗服务、算力支撑的第三方服务机构,还有联邦学习和多方计算等技术服务体系。

不同类型的数据在流通和共享时侧重点不同。对于个人数据,为保护隐私,未经处理的原始个人数据一般禁止流通,除非用于监管等目的。但为发掘个人数据的经济价值,可借鉴欧盟经验,构建基于风险控制的匿名化数据流通规则。公共数据的流通共享空间巨大,包括政府数据和商业数据。在政府数据共享方面,可借鉴欧美经验,建立政府数据开放与共享的机制。在工业数据方面,欧盟和德国的实践提供了有益的参考,可以探索构建我国工业数据流通共享生态。

第三节　人工智能伦理和算法治理

人工智能系统以其卓越的数据处理能力,能够识别和分析庞大数据集中的模式与关联,显著提升了预测的精确性,降低了成本,从而在根本上促进了生产力的提升和创新的激发。这些系统基于数据开发算法,通过计算机自动化执行一系列规则和指令,在数字经济的众多领域中发挥着重要作用。然而,人工智能,特别是某些机器学习技术,也带来了前所未有的挑战,引发了对社会伦理和法律问题的新关注。

首先,人工智能系统中的抽象数学关系可能变成难以穿透的"黑匣子",其复杂性使得包括设计者在内的所有人都难以理解。其次,随着时间的推移,一些系统可能会迭代进化,甚至以不可预测的方式改变其行为。再次,某些特定的结果或预测可能仅在特定条件和数据出现时才显现,不一定具有可重复性。从次,公平性问题与人工智能系统所依赖的数据密切相关,机器学习算法可能会复制训练数据中的偏见,如种族歧视、性别偏见或错误的刻板印象。最后,安全性和可追溯性也是人工智能治理中不可忽视的关键问题。

一、透明度、可解释和可问责

在透明度、可解释性和可问责性方面,行政机构在制定监管措施时必须基于透明度、理由说明和问责制。然而,将算法决策系统纳入有效的问责框架面临两大挑战:一是实现人工智能工具工作的透明度;二是选择最佳的监管机制以确保合规性。理想的透明度要求对决策的"信息与逻辑来源"进行全面披露,包括输入、输出和主要决策因素。但人工智能工具的机器学习模型通常复杂难懂,有时连开发者也难以明确其决策过程或识别驱动预测的关键数据特征。此外,人工智能的算法输出往往缺乏直观性,因为大数据中的关系可能与我们对世界运作的常识性理解不符。即便系统源代码和训练数据完全公开,也不一定能增强可解释性或问责性。

为应对这些担忧,已经出现了两种提高透明度的政策方法。一种方法是结合不同的解释模式以实现所需透明度,例如,通过"系统级"说明补充特定决策的不完整解释,包括数据描述、建模选择和驱动因素的概述。另一种方法是简化机器学习模型,使其更易于解释,政府可以通过限制数据特征的数量或禁止使用某些工具或模型来实现这一目标。

即使人工智能系统能够实现透明度,但如何选择合适的监管机制,将透明度转化为有意义的问责制,仍然是一个巨大的挑战。监管机构可以选择推动法律问责制(例如,对机构行为进行司法审查)或政治问责制(例如,通过通知、评论或要求采用人工智能技术的机构进行"影响评估"并向公众公开)。监管机构还可以选择硬性规则,如禁止某些人工智能模型,或采用类似药物审批的许可制度或认证要求,或者制定允许受害方获得损害赔偿的责任规则。当然,监管机构也可以选择较为柔性的规则,如评估不同人工智能算法并表达对特定工具的担忧,而不赋予实质性的监管权力。如果选择硬性规则,监管机构可以委托公共执法者执法,或建立专门的人工智能监管机构。此外,监管机构还可以选择事前监管,如药物监管的预先认证机制,或禁止使用特定类型的机器学习模型,或者采用事后监管,如寻求损害赔偿的诉讼。

2021年4月,欧盟委员会发布了《人工智能法》提案,这是国际上首次尝试对人工智能进行横向监管。该法律框架侧重于人工智能系统的具体应用和相关风险的防范,建议建立技术中立的人工智能系统定义,并根据"基于风险的方法"对不同人工智能系统进行分类,赋予不同的要求和义务。一些具有"不可接受"风险的人工智能系统将被禁止,而"高风险"系统在遵守一系列要求和义务后才能进入市场,"有限风险"系统则受到较轻的透明度义务约束。

人工智能的监管需要在不同层面进行权衡,可能没有一劳永逸的解决方案。首先,人工智能算法的监管必须在问责制和功效之间取得平衡。对人工智能模型的选择施加约束,如限制数据特征的数量或禁止复杂建模方法,可能会影响模型的可解释性和实用性。其次,透明度的利弊会因治理任务和相关权益的不同而有所差异。再次,有意义的问责制必须建立在可操作的透明度之上,缺乏必要的技术理解,了解算法系统的内部结构可能作用有限。最后,人工智能算法的监管需要与个人隐私保护等相关法规相协调,因为人工智能算法的监管可能需要一定程度的数据披露。

二、公平和避免偏见

人工智能工具越来越多地被采用,加剧了社会对人工智能算法的偏见。如果对人工智能算法的偏见不加控制,数字技术只会加深现有的不平等,还可能进一步加深社会歧视与偏见。有充分证据表明,人工智能算法有可能加剧对特定群体或是弱势群体的偏见。从有关公平和机器学习的快速发展的文献中可以得出三个教训。一是机器学习对偏见进行编码的潜力很大。例如,由于劳动力的现有人口构成,基于神经语言程序的求职搜索引擎可能会对大学毕业生中的女性给予更差的评分。二是虽然已经提出了许多"公平机器学习"的潜在方法,但一个基本挑战是公平的不同概念可能相互不兼容。例如,在人口群体之间存在潜在差异的情况下,不可能同时均衡各组之间的假阳性率、假阴性率和预测奇偶性。三是考虑到人类决策本身往往是偏见的根源,关键问题仍然是人工智能辅助决策与人类决策相比是否偏见更多。人工智能偏见的来源多种多样。例如,训练数据对人群覆盖不均衡。又如,一些系统可能会简单地复制人类决策中的现有偏见。当机构可能采用与评论相关的预测模型时,则此类决定可能会简单地编码现有机构的偏向。对于采用人工智能技术的政府机构来说,应对这种形式的偏见将是一项重大任务。以美国为例,机器学习中新出现的共识是,随着特征集(模型中变量的数量)的增长,能够以极高的概率推断出受保护的特征,例如种族和性别。因此,"公平贯穿意识",将是确保公平更有效的方法。由于没有公平性的措施,政府机构将不得不越来越多地参与评估在机器学习中暗含偏见的标准和方法,而这种判断可能会高度地局限于特定领域里。此外,人工智能决策工具的兴起将越来越多地挑战反歧视的传统原则。如前所述,随着数据训练集的增长,算法能够以很高的可能性推断出受保护的特征。这挑战了反分类原则,该原则认为法律不应根据属性(如性别和种族)对个人进行分类。总之,人工智能算法的监管机构没有建立系统性的机制来评估人工智能工具编码偏见。发展监管机构内部的能力来严格评估、监控和评估不同算法的影响,对于在政府行政机构中可靠地部署人工智能至关重要。

三、博弈和对抗性风险

人工智能算法治理的核心挑战是受监管方进行对抗性学习和博弈的风险。每当政府为以前的自由裁量决定带来更大的透明度时,这些决定就会变得更具博弈性,各方会调整自己的行为,以最大限度获得有利结果的机会,人工智能算法治理也不例外。在已知算法依赖于特定变量的情况下,受监管方可以操纵这些变量及其取值,以确保系统获得理想的结果。"对抗性机器学习",或者说使用机器学习来欺骗算法模型,就会加剧这种政策博弈的风险。例如,通过更简单形式的对抗性机器学习,攻击者可以利用算法工具来获得有利的决定,而无须改变算法旨在测量的潜在特征。在极端情况下,被监管的目标甚至可以访问人工智能工具本身,并向其提供新数据以破坏其输出。博弈和对抗性学习对算法治理工具的有效性具有深远的影响。政策博弈通常会降低人工智能算法系统的准确性和有效性。这种类型的政策博弈带来了深刻的分配问题。更富裕和更有技术能力的受监管个人和实体有更多时间、资源或专业知识来博弈甚至逆向机器学习算法系统,然后采取必要的规避行动来产生积极的决定并避免不利的决定。例如,对于证券监管来说,拥有更深层次的计算机科学家和定量分析师且规模更大、资源更好的公司可能比小公司更有能力对人工智能算法执法工具进行逆向工程并避免监管行动。鉴于这些挑战,行政机构需要注意开发和部署算法工具。算法模型的设计师必须考虑是否以及如何设计他们的模型以尽量减少博弈和针对性对抗的机会。

四、人工智能的治理实践

人工智能治理的全球实践主要集中在通过道德准则引导行业的健康发展。各国、国际组织以及行业机构普遍强调以人为中心的发展理念,旨在通过提升对人工智能的信任度来促进其广泛应用和发展。

欧盟在人工智能伦理和治理领域处于国际领先地位。自 2015 年起,欧盟议会法律事务委员会就开始关注与机器人和人工智能相关的法律问题,并陆续发布了多项研究成果和立法建议。2018 年,欧盟委员会将人工智能伦理标准纳入立法工作重点,并成立了人工智能工作小组,制定了一系列指导方针。2020 年,欧盟发布了《人工智能白皮书》,提出了建立人工智能"可信生态系统"的构想,并在 2021 年提出了一套全面的人工智能法律框架,根据风险等级对人工智能技术进行分类管理。

美国政府虽然没有统一的人工智能治理框架,但各部门均有相关政策,重点关注人工智能对国家安全和劳动力市场的影响。美国国家科学技术委员会、国防部等部门均发布了与人工智能相关的道德框架和原则,强调可解释性、透明度和信任的重要性。《国家人工智能倡议法》的通过,进一步推动了人工智能最佳实践和标准的制定。此外,美国多个州也在积极进行人工智能相关的立法工作。

日本、英国、法国等国家也在人工智能的伦理和治理方面进行了积极探索。日本发布了《人工智能技术战略》和以人为本的人工智能社会原则,英国成立了数据伦理和创新中心,法国则发布了关于算法和人工智能道德问题的报告。这些国家的政策和准则普遍强调人工智能应用于人类服务时的忠诚原则和持续关注原则。

在全球层面,学术组织和国际组织如 IEEE(Institute of Electrical and Electronics of Engineers,电气与电子工程师协会)、ACM(Association for Computing Machinery,美国计算机协会)、OECD 等,都在推动符合伦理道德的人工智能技术研发与应用,并建立了专门机构研究人工智能的全球治理问题。《阿西洛马原则》、OECD 的人工智能原则和 G20 人工智能原则等,都是在全球范围内推动人工智能伦理治理的重要成果。

中国在人工智能伦理规制方面也取得了显著进展。国务院发布的《新一代人工智能发展规划》和科技部牵头的《新一代人工智能治理原则》为人工智能的发展提供了全面的保障措施和行动指南。《中华人民共和国民法典》的实施,以及《中华人民共和国数据安全法》和《中华人民共和国个人信息保护法》的制定,为人工智能数据和算法的治理提供了法律基础。此外,相关部门还发布了多项规范,对自动驾驶和互联网信息服务算法等进行了明确规定。

第四节 网络安全治理

信息网络作为数字经济的关键基础设施,随着线上活动的快速增长,其安全性日益受到广泛关注。网络安全风险主要源自恶意或犯罪目的的行为,这些行为通过利用网络安全漏洞对政府、组织和个人网络安全构成威胁。攻击者的动机多种多样,包括但不限于政府的地缘政治目标、犯罪分子的勒索企图、黑客主义者的意识形态推动、恐怖分子的暴力行为,以及寻求刺激的个人目的等。网络安全事件可能对政府、企业和个人的数据安全、信息系统与网络的可用性、完整性与机密性造成严重影响。这些事件不仅可能导致直接的经济损失,还可能引发竞争力下降、声誉受损、业务中断和隐私泄露等无形损害。

一、主要网络安全风险

近年来,网络安全风险事件层出不穷,经济合作与发展组织将主要的网络安全事件归纳为以下三类。

第一,分布式拒绝服务攻击(DDoS)。DDoS 是一种常见的且破坏性强的网络攻击方式,攻击者通过僵尸网络(由被黑客控制的机器或设备组成的大型网络)向在线服务发送大量非法请求,以中断正常服务的运行。这类攻击通常旨在向受害者勒索财物。例如,2016 年,Mirai 僵尸网络利用超过 10 万个端点,聚合了超过每秒 1.2 Tbps 的带宽,导致北美数十家大型网站在数小时内瘫痪。

第二,网络钓鱼(Phishing)和域名欺诈(Pharming)。这两种攻击的主要目的都是获取用户的敏感信息。攻击者通过伪装成可信任的实体,在线上通信中诱骗用户提供敏感信息或传播恶意软件。网络钓鱼通常通过含有指向恶意网站的链接的钓鱼邮件进行,而域名欺诈则通过使用与官方网站相似的域名来欺骗用户。2019 年的数据显示,欧盟国家互联网用户遭遇网络钓鱼的比例高达 30%,而遭遇域名欺诈的用户比例虽然较低,也超过了 15%。

第三,勒索软件攻击。勒索软件是一种恶意软件,它通过加密技术限制或禁止个人或组织访问其数据,并以此要挟支付赎金以恢复数据访问权限。2017 年的 WannaCry 和 NotPetya 软件攻击就是两个著名的例子,据估计,它们给企业造成了数十亿美元的损失。这些攻击不仅影响了私营企业,如默克集团、联邦快递、圣戈班集团和马士基集团,还波及了公共部门,如英国国家卫生局和俄罗斯内务部。

随着加密货币的兴起,与之相关的网络安全事件也日益增多。攻击者采取了多种手段,包括攻击交易所盗取加密货币、攻击官方钱包窃取用户资金,甚至直接攻击区块链本身。此外,攻击者还开发了新型技术,如"加密挖矿"(Cryptomining)和"加密劫持"(Cryptojacking)。在加密挖矿中,攻击者通过安装恶意软件,非法利用用户的处理能力进行挖矿;而在加密劫持中,攻击者在用户浏览器的网页内容中插入脚本,进行加密挖矿。

此外,人工智能的发展也可能给网络安全带来新的挑战。一方面,人工智能系统可能会遭受针对性的新型技术攻击,例如数据中毒,这可能会严重损害依赖训练数据的机器学习系统。另一方面,人工智能技术也可能被不法分子滥用,如深度伪造(Deepfake)技术,该技术通过人工智能换脸、语音模拟、视频生成等方式,对既有图像、声音、视频进行篡改、伪造,自动生成难以辨识的音频和视频产品。随着人工智能技术的不断进步,深度伪造技术合成的音频和视频越来越逼真,甚至被认为是"最危险的人工智能技术"之一。

二、应对网络安全风险

面对日益严峻的网络安全形势,制定和实施有效的网络安全风险管理措施显得尤为关键,它们能够显著减轻网络风险可能带来的负面影响。经济合作与发展组织强调,网络安全风险评估是构建健全网络安全风险管理体系的核心环节,建议各类机构定期进行网络安全风险的评估工作。为了增强安全性,机构应采取一系列安保措施,这包括但不限于安全性测试、数据备份程序、加密技术应用、双重身份验证机制、网络访问控制策略以及虚拟专用网络(VPN)等技术手段。除此之外,提升员工的风险意识同样重要,可以通过定期的风险意识培训来实现。在可能的情况下,购买网络安全保险也是一项有效的风险转移措施。

在全球范围内,为了降低网络安全风险并促进经济发展,许多国家和地区已经开始着手开展网络安全创新中心项目(见表4-3)。这些项目体现了政府在网络安全领域的积极作为,不再仅仅将网络安全风险视为一种代价或威胁,而是开始从化解风险的角度出发,寻求经济发展的新机遇。

表4-3 部分国家和地区开展网络安全创新中心项目

国家/地区	年份	项目名称	简介
以色列	2014	网络安全创新园区(Cyber Spark)	汇集了主要利益相关者,在同一个园区中合作和分享想法,包括学术界、工业、风险投资和政府

续表

国家/地区	年份	项目名称	简介
欧盟	2016	欧洲网络安全组织(ECSO)	这是一个公私合营的组织;协调欧盟创新路线图和投资的伙伴关系;优先考虑许多技术领域的投资,例如人工智能、量子计算区块链;非技术领域,例如中小型企业、网络中的女性和网络中的年轻人
澳大利亚	2017	网络安全增长(Cyber Security Growth Network)	为网络安全公司提供建议。帮助他们确定挑战;在其网络中,总共有300家数字安全公司,向15个项目提供5000万美元
英国	2018	伦敦快速网络安全推进办公室(LORCA)	支持数字安全创新者扩展和开发解决方案,以满足行业的需求
新加坡	2018	创新网络安全生态系统(ICE71)	通过吸引和开发技术降低快速增长的网络安全风险,从而加强了该地区的网络安全生态系统
德国	2018	网络安全创新机构	专注于民用和国防技术
法国	2020	网络校园(Cyber Campus)	将致力于提供一个多利益相关方平台。以促进网络安全创新;其参与者涉及学术界、私营企业、政府和初创企业

针对新兴技术带来的网络安全风险,尤其是人工智能和深度伪造技术,一些国家已经开始实施监管措施。例如,美国近年来陆续推出了包括《2018年恶意伪造禁令法案》和《深度伪造责任法案》在内的多项法案,对深度伪造技术的滥用进行了严格的限制。在中国,2020年12月,中共中央发布了《法治社会建设实施纲要(2020—2025年)》,提出了针对网络直播、自媒体、知识社区问答等新媒体业态,以及算法推荐、深度伪造等新技术应用的规范管理办法。对于这些新技术可能带来的负面影响,主要从两个方面采取防范措施:一是事前识别,通过在传播渠道前端部署识别伪造音频和视频的技术,禁止虚假内容的发布或至少提出明确警告;相关部门可以尝试建立全网"数字水印或签名"系统,以便追溯查询。二是事后鉴伪,鼓励企业加大对鉴伪技术研发的投入,加快开发能够识别深度伪造内容的工具,以提高对这类新型威胁的应对能力。通过

这些综合性的措施，可以在保护网络安全的同时，为经济发展和社会进步提供坚实的技术支持。

第五节　竞争政策和反垄断

市场经济通过企业间的竞争有效配置资源，从而提升社会整体福利，这是其制度基石。企业为了追求利润，会通过提供更优质的产品和更有竞争力的价格来争夺市场份额。然而，企业在追求利润的过程中也可能采取不正当竞争手段，其中最突出的问题便是市场垄断。为了防止市场垄断，保护企业间公平竞争的市场经济基础，政府必须制定和实施一系列反垄断法律和法规，以维护市场经济的秩序。

在数字经济时代，垄断现象相较于传统经济时期更为严重。平台经济、网络效应和范围经济的共同作用下，企业集中度显著提升，数字领域的"明星企业"在全球创新、市场和利润方面占据主导地位。因此，竞争政策和反垄断成为数字经济治理的核心内容之一。

美国早在 1890 年就通过了《谢尔曼反托拉斯法》，并在 1914 年颁布了《克莱顿法》和《联邦贸易委员会法》，建立了较为完善的反垄断和竞争政策体系。欧盟的竞争政策起步较晚，随着 20 世纪 50 年代欧洲一体化的推进而逐步形成，其基础是 1957 年《欧洲经济共同体条约》中关于竞争的规则。2020 年 12 月，欧盟公布了《数字服务法案》和《数字市场法案》，这是近 20 年来欧盟在数字反垄断领域的重大立法，旨在明确数字服务提供者的责任，遏制大型网络平台的不正当竞争行为。

一、美欧数字经济反垄断实践

美国历史上的反垄断浪潮始于镀金时代，经过进步主义时代的发展，在罗斯福新政时期达到完善。标准石油公司的拆分案是反垄断历史上的一个标志性事件。标准石油公司在 19 世纪 70 年代成立后迅速扩张，几乎垄断了美国的石油市场。艾达·塔贝尔(Ida Minerva Tarbell)的《标准石油公司的历史》揭露了其不正当竞争行为。1904年,美国政府依据《谢尔曼反托拉斯法》对标准石油公司发起垄断调查。1911年,美国最高法院裁定其为垄断机构并下令拆散。第二次世界大战后,美国建立了较为完善的反垄断法律体系,有效促进了市场竞争。AT&T的拆分是另一个标志性事件。1984年,美国司法部依据反垄断法拆分了AT&T,结束了其在电信业的垄断地位。

20世纪70年代,芝加哥学派的自由放任主义开始影响经济政策,反对政府监管。里根和撒切尔执政期间,在美国和英国推行了去监管和私有化的经济政策。随着信息技术的发展,微软、英特尔等大型科技公司崛起。自由放任的经济意识形态认为,信息时代的垄断是企业先进技术的结果,市场份额的集中是竞争的结果,传统的反垄断规制不再适用于信息时代。然而,进入21世纪,数字经济和人工智能的发展带来了新的挑战,以"FAANG"为代表的超级数字科技公司通过平台优势迅速积累数据资源,形成了强大的竞争优势。

欧盟对谷歌的反垄断调查和美国国会对大型科技巨头的调查都揭示了这些公司在市场中的垄断行为。谷歌因在搜索结果中优先展示自家产品而受到处罚,亚马逊因其在电子商务市场的主导地位而受到调查,苹果因其应用市场的垄断行为而被指责,脸书则因收购竞争对手和复制竞争对手服务来维持垄断地位而受到批评。

欧盟的《数字服务法案》和《数字市场法案》旨在通过设定透明度要求和问责机制等义务,应对数字服务提供商的挑战,如假冒产品销售、仇恨言论传播、网络威胁、限制竞争和市场主导地位等问题。这些法律规定打击了大型平台的滥用行为,限制了其市场力量,促进了数字市场的公平竞争。

二、数字经济反垄断的难点与困境

数字经济时代的反垄断与传统大工业时代有许多共性,如限制不正当竞争行为、保护市场竞争等。然而,数字经济时代的反垄断也面临着新的挑战,如数据垄断、通用性技术和平台范围经济等。科技巨头的全球性运营和全球监管机构的缺失使得确定和监督"合理的回报率"变得复杂。监管数字科技企业的方法包括隔离"自然垄断"或"基础设施"的部分,为竞争对手提供公平准入,以及建立专门的监管机构,如英国的"数字市场单位"和美国的"数字权威"机构。

数字经济时代的反垄断政策还需要解决数字平台企业的双重角色问题,即既是市场的运营者又是市场的参与者。这种行为可能导致不公平竞争,如自我偏好、搭售、忠诚度回扣等。欧盟对谷歌的反垄断调查正是基于其搜索引擎设置偏好自家产品的实践。数字平台企业拥有前所未有的自我偏好能力,可以通过推荐自家品牌和模仿成功的竞争对手产品来实施反竞争策略。

数字经济时代的另一个核心挑战是数据垄断。数据和技术的非排他性和零边际成本导致了规模报酬递增,即更多的使用带来更高的收益。专利制度是为了保护技术而设计的排他性合法垄断制度,但数据的产生并非通过研发过程,因此可能不适用于专利保护。数据的充分流动对于激发合理使用和促进竞争至关重要。

三、我国在数字经济反垄断的实践与挑战

中国在数字经济反垄断方面的实践也在不断深化。2021年,中央经济工作会议将"强化反垄断和防止资本无序扩张"作为重点任务之一。中国的反垄断政策历史较短,2008年至2018年,反垄断法由多个部门执行。2019年,《中华人民共和国反垄断法》的三部配套规章落地,统一了执法尺度。中国数字经济的快速发展带来了诸多挑战,如数字平台市场势力的认定、反竞争效应、新型垄断行为的识别等。中国已经推出了一系列法律法规来应对这些挑战,包括《中华人民共和国反不正当竞争法》的修订、《国务院办公厅关于促进平台经济规范健康发展的指导意见》、《中华人民共和国反垄断法》修订草案和《国务院反垄断委员会关于平台经济领域的反垄断指南》等。此外,《中华人民共和国个人信息保护法》也将数据领域的垄断和算法滥用行为列为监管重点。在这些规则的指导下,中国对平台垄断和竞争失序现象进行了处罚,包括对美团和滴滴出行等公司的调查和处罚。

第一,针对数字平台市场势力的认定尚无规范的方法或成熟的经验,对滥用市场支配地位的行为也缺乏公认标准。一方面,平台企业的市场势力与传统厂商具有明显差别,依赖市场份额、利润率等传统工具往往存在较大偏差。另一方

面,对于滥用市场支配地位的行为判定也没有普适标准,对一些大型电子商务平台而言,与用户签订具有"二选一"特性的排他性协议时,尽管不少专家认为违反了《中华人民共和国反垄断法》规定的自由交易原则,同时可能削弱平台间的竞争,但对消费者和商家的损害或实质影响难以进行事前评估。

第二,不同数字平台企业间的合并现象频发,反竞争效应显现,引发限制竞争和打压创新的担忧。近年来,我国互联网企业在多个细分市场上进行兼并,"赢家通吃"的局面被强化。在互联网领域,不断激增的合并现象主要是为了扩大规模经济效应和网络效应。其影响除了形成一些垄断性的大型互联网平台企业之外,还在一定程度上削弱了细分领域的市场竞争,加剧了相关市场支配地位的滥用。

第三,各类新型垄断行为不断涌现,新业态、新模式颠覆了传统商业规则,准确识别企业垄断行为的难度进一步加大。以数字平台企业的个性化定价或"大数据杀熟"行为为例,依托大数据的价格歧视有其特殊性:在平台经济中,个性化服务本质上将市场,特别是买方市场分成了一个个独立的个体,截断了消费者的搜寻行为,消费者可能在某种惯性下没有选择性地购买服务,网络效应容易形成"一家独大"的局面,供需两侧可能同时失去竞争性,而平台成为唯一的"知情者",当这个"知情者"向特定用户进行商品售卖时,一般意义上的市场可能不存在。此外,诸如恶意不兼容、广告屏蔽、流量劫持、静默下载、深度链接等一系列不正当竞争行为也广受关注。

第四,对于平台市场,大型平台对初创平台的并购引发了竞争性的争议。一些初创平台由于新技术或新模式的应用,可能展现出很强的竞争力,甚至在短期内改变整个市场竞争格局并威胁到现有的大型平台。为应对潜在竞争压力,大型平台往往会对具有潜在威胁的初创平台进行猎杀式收购,因此,对初创平台并购的争议焦点在于阻碍创新和破坏竞争。

第六节　数字知识产权保护

在数字经济的浪潮中,加强知识产权保护的重要性日益凸显。数字产品的特性——可以零成本复制且具有非排他性，意味着同一产品能够被无数人同时使用而不损耗其价值。这一特性要求我们建立严格且可执行的知识产权保护机制，以确保生产者能够从中获得应有的回报，进而增强一个国家对数字经济和数字企业的吸引力。

理论上，强化知识产权保护能够促进技术转让，但其对国内创新的影响尚不明确。知识产权的实施与通过外国直接投资进行的技术转让之间存在正相关关系，尤其是在那些吸收能力和模仿能力较强的国家（Hall，2020）。然而，知识产权对经济增长的作用受到多种因素的综合影响，包括国家的研发实力、人均财富水平、机构的性质与效能、发展阶段和经济波动等。

一、数字时代知识产权保护形势

在数字经济中，知识产权保护的形式包括专利、商标和版权、著作权、商业秘密、防止规避技术保护措施或删除数字版权管理信息的法律保护等。一些研究发现，使用了数字技术的产品，其复杂性导致了专利丛林（Patent thickets）的出现，卡尔·夏皮罗（Carl Shapiro，2000）将其定义为"一个公司为了真正实现新技术的商业化，必须攻克重叠知识产权的密集网络"。据估计，智能手机拥有 25 万项专利（Wagner，2015）。从理论上讲，专利丛林可能会产生扼杀创新的不利影响，不过，实证研究的结果并非都支持这个观点，例如，在 1980—1999 年对 121 家上市软件公司的抽样调查中，迈克尔·诺埃尔和马克·香克曼（Noel & Schankerman，2013）发现，专利权的碎片化程度越高，市场价值越低，获得专利权和研发的水平越高。

版权法在数字市场中也尤为重要，因为数字产品可以零成本复制（Goldfarb & Tucker，2019）。经济史文献表明，版权可以提高创造性产出的质量。但网络服务提供者因其中介地位会引发承担责任的风险，减免其责任成为各国的通行做法，例如，美国于 1998 年通过的《千禧年数字版权法》(Digital Millennium Copyright Act)、德国于 1997 年生效的《规定信息与通信服务一般条件的联邦立法》(Federal Act Establishing the General Conditions for Information and Communication Services)、欧盟在 2000 年制定的《电子商务指令》(Directive on

Electronic Commerce)等。其中,美国《千禧年数字版权法》首次规定了"避风港"制度,该制度规定了网络服务提供者在符合一定要求时可以享有责任限制,"通知"规则是该制度的重要适用条件。开源软件是一种数字公共产品,其知识产权保护旨在保持项目的非排他性(Tirole,2017)。例如,Linux 操作系统运行的通用公共许可证,虽然用户可以自由地复制、更改和分发,但是不能对进一步的分发施加任何限制,并且必须保证源代码可用。也就是说,他们有义务确保社区从任何修改版本中获益。由于开源软件的非竞争性和非排他性,以及新代码的即时在线可用性,高质量的开源贡献可以在短时间内被广泛采用。

由人工智能创作的音乐、软件等作品版权或专利权的归属问题,从本质上涉及人工智能是否和人类享有同等法律地位的问题。而一旦明确了人工智能创作作品的版权或专利权,相关作品的侵权行为界定、损失赔偿等一系列问题也将迎刃而解。尽管目前世界上大多数国家规定计算机不能拥有版权或专利发明权,但是 2021 年以来,澳大利亚、南非等国家已开始支持人工智能作为专利发明人。近期,英国、加拿大等国家已就人工智能作品相关版权或专利权问题征求公众意见,并提出了根据人工智能参与创作的程度决定作品版权或专利权归属的方案,目的是在人工智能与人类创造力间保持平衡。

二、数据权利保护

关于数据权利是否应纳入知识产权保护体系,这是一个在学术界引发广泛讨论的重要议题。在司法实践中,数据权益的保护主要通过著作权和商业秘密两种方式进行。数据库作品作为著作权法中的一个特殊领域,其独创性的选择或编排使其成为著作权保护的对象。中国的著作权法规定,汇编作品是在选择或编排中体现独创性的作品集合或其他信息集合,这与《世界知识产权组织版权条约》(World Intellectual Property Organization Copyright Treaty,WCT)和《与贸易有关的知识产权协定》的相关规定实质相同。这意味着,如果信息、数据或其他材料在编排上符合独创性要求,它们就可以被纳入著作权所保护的汇编作品范围。

然而,关于大量工业数据的知识产权保护,情况则更为复杂。这些数据既不受传统知识产权法的保护,也不受个人数据保护法的保护。尽管数据库保护是一个可行的选项,但法律从业者普遍认为,这一解决方案并不适用于大多数数据。例如,在欧盟,数据库保护仅限于保护对数据库中现有数据的投资,而不涉及对生产数据本身的投资。因此,受到法律保护的是数据库的结构,而非数据本身。

当数据作为商业秘密进行保护时,它可以被纳入《反不正当竞争法》的规制范围。在中国,《禁止网络不正当竞争行为规定(公开征求意见稿)》中明确指出,经营者不得利用技术手段非法抓取、使用其他经营者的数据,以避免对其他经营者的网络产品或服务造成实质性替代,或不合理地增加其他经营者的运营成本,损害其他经营者用户数据的安全性,或妨碍、破坏其他经营者合法提供的网络产品或服务的正常运行。类似的规定也出现在中国《最高人民法院关于适用〈中华人民共和国反不正当竞争法〉若干问题的解释(征求意见稿)》中。

然而,商业秘密保护并未赋予商业秘密以专有的财产权,而是仅仅保护数据免受某些盗用行为的侵害。一旦数据泄露,数据持有者无法通过主张专有财产权来阻止第三方使用该数据。

在考虑是否应将知识产权引入数据权利体系时,我们需要从知识产权是否能够有效保护和激励数据市场发展的角度出发。评估政策效果时,应考虑政策措施预期引起的行为变化,以及这些变化如何影响政策目标的实现。因此,分析必须包含技术和市场变化带来的新情况,以及是否需要引入新的数据知识产权。按照引入知识产权的经典理由,有两个主要问题:一是创造激励;二是市场资源的有效利用,即通过改善市场运作来创造产权。

有学者认为,由于数据的简单收集和整理与知识产权所保护的客体所体现的"独创性"相去甚远,现有的知识产权法律框架无法兼容数据上附着的隐私权利。对于不具有独创性的数据的保护,应纳入"信息产权"框架。例如,在中国发生的"大众点评诉爱帮网案"中,大众点评发现爱帮网未经许可抓取其可公开获取的餐厅点评数据并放置于其网站供客户使用,便以著作权侵权为由向法院提起诉讼。一审法院认为,原告网上的餐厅简介与用户点评数据在整体上构成汇编作品,判定被告成立著作权侵权。然而,二审法院持相反意见,认为用户点评数据不具有独创性,不构成作品;同时,原告对餐厅简介与用户点评数据的编排方式亦不具有独创性,不构成汇编作品。

也有学者从经济学角度论证了企业数据不应被赋予知识产权。他们认为,对数据设立知识产权会不利于数据共享,从而对数据市场造成负面影响;设立知识产权也不利于数据所产生的利益分配,从而出现新的问题。尽管如此,他们也同意对数据的使用作出一定的限制性规定。

因此,数据持有者对实际持有的数据拥有一系列的权利,例如存储、使用和出售数据的权利,以及数据的控制权,阻止他人破坏、盗用或损害数据的权利。基于此,可以讨论某种"数据权利"和数据"所有权",但这种"所有权"是非排他性的。是否将数据保护纳入知识产权法律体系,学者们虽然存在争议,但亦有共识:数据的原创性不足,使其与传统知识产权的保护对象有着本质的区别,因此,在现有模式下对著作权、专利权、商业秘密的保护,无法对标到数据上,现有知识产权法律体系也无法为数据提供最佳保护。然而,是否要为数据建立新的知识产权保护,需要考量知识产权保护路径是否会限制数据共享,是否会对数据经济的创新产生负面影响,等等。

第五章

数字治理参与

第一节 数字治理参与的特点

一、政府、企业与市民的角色位移

数字治理参与在很大程度上改变了政府、企业和市民的角色和互动方式。首先是政府的角色从传统的权威决策者转变为更加开放和协作的治理伙伴。政府更加注重与市民和企业的互动,通过数字平台收集公众意见,提高政策制定的透明度和参与度。政府也利用大数据和分析工具来优化服务交付,提升公共管理的效率和效果。此外,政府在数字治理中也承担着制定数据政策、保障数据安全和隐私、推动数字包容性等关键职责。

企业在数字治理中扮演着创新者和解决方案提供者的角色。它们通过采用新技术,如物联网、人工智能和区块链,来提升产品和服务的质量,同时响应社会和环境挑战。企业也越来越多地参与公共事务,与政府合作解决城市问题,如交通拥堵、环境保护和公共卫生。在这一过程中,企业不仅要追求经济效益,还要考虑社会责任和可持续发展。

市民在数字治理中的地位从被动的服务接受者转变为积极的参与者和合作者。数字技术赋予市民更多的权利和机会,使他们能够通过社交媒体、移动应用和在线平台直接参与政策讨论、社区建设和公共服务的评价中。市民的反馈和意见可以实时传达给政府和企业,从而影响决策过程。此外,市民也可以通过数字渠道组织社会活动,推动社会创新和变革。

数字治理参与的特点还包括互动方式的变化。政府、企业和市民之间的互动更加频繁和直接。数字平台提供了一个共同的空间,使得信息共享、意见交流和协作解决问题成为可能。这种互动方式的变化促进了跨部门和跨领域的合作,有助于形成更加综合和协调的治理策略。

二、多元参与的协同共治

多元参与的协同共治是数字治理的一个重要特点,它通过促进不同利益相关方的合作和参与,提高了治理的有效性、透明度和民主性。这种参与模式的特点表现为以下七点。

一是多方利益相关者的参与。协同共治模式认识到政府、私营部门、非政府组织、社区团体以及公民个体都是治理过程中的关键参与者。每个利益相关方都有其独特的视角和专长,能够为治理决策提供宝贵的输入。数字治理工具的发展使得这些参与者能够更容易地参与决策过程,无论是通过在线调查、社交媒体互动还是虚拟会议。

二是信息共享与透明度。协同共治依赖于信息的开放共享和透明度。数字平台使得数据和信息能够在不同参与者之间流通,确保每个人都能够访问到关键的治理信息。这种透明度有助于建立信任,减少误解和冲突,同时促进了更加开放和包容的治理环境。

三是协作决策。在协同共治模式下,决策不再是单方面的,而是通过多方协商和合作来实现。这种协作决策过程鼓励利益相关方共同探讨问题,提出解决方案,并达成共识。数字治理工具,如协作软件和决策支持系统,为这种协作提供了技术支持。

四是增强的责任感和问责制。多元参与的协同共治模式增强了各方的责任感和问责制。每个参与者都在决策过程中承担一定的责任,并对其行为和结果负责。数字治理工具可以记录决策过程和执行情况,为问责提供依据。

五是灵活和适应性的治理。协同共治模式强调治理的灵活性和适应性。随着社会环境和需求的变化,治理策略和行动计划也需要相应调整。数字治理工具使得组织能够快速响应变化,实时更新数据和策略,确保治理活动始终与实际情况保持一致。

六是创新和创造力的激发。多元参与的环境鼓励创新思维和创造性解决问题。不同背景和领域的参与者带来新的观点和想法,有助于发现和实施创新的治理方案。数字治理工具,如创意众包平台和开放数据门户,为创新提供了平台和资源。

七是社区和公民的赋权。协同共治模式特别强调社区和公民的赋权。数字治理工具使得普通公民能够更容易地参与治理过程,表达自己的需求和意见,参与决策和监督。这种赋权有助于提升公民的参与感和满意度,同时也增强了治理的民主性。

第二节　数字治理参与方式

一、数字民主

数字民主不仅仅是传统民主实践的数字化延伸,它还代表了一种全新的政治参与方式,这种方式正在重塑公民与政府之间的互动关系,为政治决策过程带来前所未有的透明度和参与度。数字民主的一个核心特征是其对透明度的提升。通过在线平台,政府能够实时公布政策讨论、立法进程和预算分配等信息。这种开放性使得公民能够更加直观地了解政府的工作,提高了政府的问责性。例如,许多国家已经开始实施开放数据政策,将政府数据集公开,供公民和研究人员分析和使用,这不仅促进了数据驱动的决策制定,也为公民参与提供了坚实的基础。

数字技术为公民提供了多种参与政治的新渠道。社交媒体、在线论坛和专门的政治参与平台使得公民可以轻松地表达自己的意见,参与公共事务的讨论。这些渠道降低了政治参与的门槛,使得更多的人能够参与政治过程。此外,电子投票和在线公投等工具使得公民即使身处偏远地区或海外,也能够行使自己的选举权。数字民主推动了决策过程的民主化。通过在线调查、公众咨询和虚拟听证会等方式,政府能够直接听取公民的意见,并将这些意见纳入政策制定中。这种直接的反馈机制使得政策更加贴近民意,提高了政策的接受度和有效性。同时,数字民主也鼓励了跨部门和跨界别的合作,促进了更加综合和协调的治理策略的形成。数字技术也为政治动员提供了新的工具。社交媒体平台上的宣传和动员活动能够迅速吸引大量关注,为政治运动和公共倡议聚集支持者。数字民主时代的政治动员不再局限于传统的集会和游行,而是通过线上活动和虚拟互动,以更加灵活和创新的方式进行。

尽管数字民主带来了许多积极的变化,但它也面临着一系列挑战。信息的过载和虚假新闻的泛滥可能导致公众的困惑和不信任。此外,数字鸿沟的存在可能使得某些群体无法充分利用数字民主的机遇。因此,为了实现数字民主的潜力,需要政府、私营部门和公民社会共同努力,建立健全的数字治理框架,保护数字空间的安全和公正。

二、数字政务

数字政务不仅提高了政府服务的效率和质量,还增强了政府与公民之间的互动,为构建透明、高效、便捷的政府服务模式提供了新的可能性。数字政务的核心在于电子政务服务的提供,这包括在线办理各种政府事务,如税务申报、社会保障、户籍管理等。通过电子服务平台,公民可以随时随地访问政府服务,不再受限于地理位置和办公时间。这种服务模式的便捷性大大提高了公民的满意度和政府服务的可及性。数字政务还涉及政府信息的公开和透明度的提升。政府通过官方网站和社交媒体平台公开政策文件、预算信息、法规条例和行政决策过程。这种开放的信息共享机制使得公民能够更好地了解政府的工作,从而提高了政府的问责性和公信力。数字技术为政府与公民之间的互动提供了新的渠道。政府可以通过在线问卷调查、公众论坛和社交媒体互动等方式,直接收集公民的意见和建议。这种双向沟通机制使得政府决策更加贴近民意,增强了政策的针对性和有效性。

数字政务在城市管理方面的应用也越来越广泛。通过物联网技术,政府可以实时监控城市基础设施的运行状态,如交通流量、环境质量、公共安全等。基于这些数据,政府可以做出更加精准的决策,提升城市管理的效率和响应能力。数字政务还推动了政府服务流程的优化。通过工作流管理系统和自动化工具,政府能够简化办事流程,减少不必要的手续和环节。这种流程优化不仅提高了政府工作效率,也为公民提供了更加流畅的办事体验。

三、数字交付

在数字化浪潮的推动下,数字交付已经成为服务提供和消费方式的关键变革力量。数字交付不仅改变了商品和服务的传递方式,还为消费者带来了前所未有的便捷性和个性化体验。数字交付指的是通过数字渠道提供商品和服务的过程。这一概念涵盖了从在线购物到电子支付,从远程医疗服务到在线教育的广泛领域。数字交付的特点包括即时性、便捷性、个性化、互动性,消费者可以随时随地通过数字平台访问所需的服务和商品,享受即时的满足和响应。数字交付消除了传统服务提供中的时间和地点限制,极大地提高了效率和用户满意度。基于用户数据和偏好的分析,服务提供者能够提供定制化的服务和产品,满足消费者的个性化需求。数字交付平台通常具备反馈和评价机制,消费者可以直接与服务提供者沟通,实现双向互动。

数字交付对现代经济和社会生活产生了深远的影响。数字交付使得消费者更加倾向于在线渠道,传统的购物和消费习惯正在逐渐被在线服务所取代。企业为了适应数字交付的趋势,不断创新商业模式,如订阅服务、按需经济等新兴模式的兴起。数字交付推动了远程工作和自由职业的普及,改变了劳动力市场的结构和就业形态。数字交付通过提供在线教育资源和远程医疗服务,为偏远地区和弱势群体带来了更多的发展机会。

第六章

数字治理工具

第一节　数字治理工具的内涵与特点

一、数字治理工具的内涵

数字治理工具涵盖了一系列旨在支持组织有效管理和利用数据的技术解决方案和方法论。这些工具的核心目的是确保数据的质量、安全性、合规性，并最大化数据的价值，以下是几个关键方面。

数据质量管理。数据质量管理工具用于确保数据的准确性、完整性和一致性。这些工具通常包括数据清洗、数据校验、数据剖析和数据匹配等功能，以识别和纠正数据中的错误和不一致性。

元数据管理。元数据管理工具帮助组织捕获、存储和管理数据的描述信息，包括数据的来源、格式、内容和访问权限等。通过有效的元数据管理，组织能够更好地理解和利用其数据资产。

数据集成。数据集成工具使得不同来源的数据能够被整合到一个统一的数据仓库或数据湖中。这些工具支持数据的抽取、转换和加载（ETL）过程，以及数据的同步和复制。

数据存储和数据仓库。数据存储工具提供了数据的存储解决方案，包括传统的关系型数据库、NoSQL 数据库和数据湖等。数据仓库则是一个集中存储和管理企业数据的系统，用于支持复杂的查询和分析。

数据安全和隐私保护。数据安全工具包括加密、访问控制、身份验证和审计等，以确保数据在存储、处理和传输过程中的安全性。隐私保护工具则专注于遵守数据保护法规，如 GDPR，确保个人数据的合法处理。

数据分析和报告。数据分析工具使组织能够从大量数据中提取有价值的洞察。这些工具包括商业智能(BI)平台、数据可视化工具和高级分析工具，如机器学习和预测分析软件。

数据治理框架和策略。除了技术工具外，数字治理还包括一系列框架和策略，用于指导组织如何管理和利用数据。这包括制定数据治理政策、数据分类和数据生命周期管理等。

合规性和审计。合规性工具帮助组织确保其数据处理活动符合相关的法律法规要求。审计工具则用于监控和记录数据处理活动，以支持合规性检查和数据治理的持续改进。

用户和社区参与。数字治理工具还应支持用户的参与和反馈，包括提供用户友好的界面和社区论坛，以促进用户对数据治理活动的参与和贡献。

二、数字治理工具的特点

数字治理工具是现代组织管理数据资产的关键，它们的特点反映了对数据质量、安全性、合规性和价值最大化的追求。以下是目前数字治理工具的主要特点。

一是自动化。数字治理工具的自动化特点显著提高了数据处理的效率和准确性。自动化功能包括自动数据清洗，它可以识别并纠正数据中的错误、重复和不一致性；自动监控能够持续跟踪数据质量指标和系统性能；自动报告可以定期生成数据治理的统计和分析报告。这种自动化不仅减少了人力资源的需求，还降低了因人为操作导致的错误，确保了数据处理的一致性和可靠性。

二是集成性。集成性是数字治理工具的另一个核心特点，它允许工具与组织内部的各种 IT 系统和应用程序无缝集成。这种集成性不仅包括与数据库、企业资源规划(ERP)系统、客户关系管理(CRM)系统等传统 IT 基础设施的连接，也包括与新兴的云服务和大数据平台的集成。集成性确保了数据能够在不同系统之间流畅地流动和共享，为统一的数据管理和深入的数据分析提供了可能。

三是可扩展性。随着组织的发展和数据量的增长，数字治理工具必须具备良好的可扩展性，以适应未来的数据管理和分析需求。这意味着工具能够处理更大规模的数据集，支持更多的用户，并能够轻松地集成新的数据源和数据类型。可扩展性还涉及系统架构的设计，它应该能够适应新技术的发展，如人工智能和机器学习，以提供更高级的数据处理和分析能力。

四是用户友好性。用户友好性是数字治理工具设计的重要方面，它确保了工具的易用性和可访问性。直观的用户界面和简化的操作流程使得非技术用户也能够轻松地进行数据管理和分析。此外，数字治理工具通常配备详细的帮助文档、教程和培训资源，帮助用户快速掌握工具的使用方法，以提高工作效率。

五是安全性和合规性。安全性和合规性是数字治理工具的关键特点，特别是在当前数据泄露和隐私侵犯事件频发的背景下。这些工具提供了多层次的安全措施，包括数据加密、访问控制、身份验证和审计跟踪，以确保数据在整个生命周期中的安全性。同时，数字治理工具还帮助组织遵守各种数据保护法规和行业标准，如欧盟的通用数据保护条例和美国的健康保险流通与责任法案（HIPAA），确保数据处理的合法性和合规性。

六是灵活性和定制性。灵活性和定制性使得数字治理工具能够适应组织的独特需求和治理策略。用户可以根据自己的业务流程和数据治理目标定制数据模型、业务规则和工作流程。这种灵活性还体现在工具能够支持不同的数据治理框架和方法论，如 DAMA-DMBOK 和 COBIT。

七是实时监控和报告。实时监控和报告功能使得数字治理工具能够及时发现和响应数据质量问题和安全威胁。这些工具可以实时跟踪关键性能指标（KPIs）和数据质量指标，生成实时的数据治理报告，帮助组织快速识别和解决问题。

八是支持决策制定。数字治理工具通过提供数据分析和可视化工具，支持决策制定。这些工具能够揭示数据背后的趋势和模式，帮助决策者理解复杂的数据集，并基于数据做出更加明智的业务决策。数据可视化功能，如图表和仪表板，使得数据分析结果更加直观和易于理解。

第二节　数字治理工具的类型与标准

一、数字治理工具的类型

随着数字化转型的不断深入,数字治理工具已成为现代治理体系不可或缺的一部分。这些工具不仅提高了政府和企业的运营效率,还增强了决策的数据驱动性和服务的个性化。以下将详细介绍数字治理工具的主要类型,探讨它们如何支持和优化治理活动。

(一) 数据管理工具:构建信息基石

数据管理工具是数字治理的基石,它们使得组织能够有效地收集、存储、管理和分析数据。数据仓库和数据湖作为核心的数据存储解决方案,分别提供了结构化数据的集中管理和非结构化数据的灵活存储能力。数据清洗和转换工具确保了数据的准确性和一致性,为高质量的数据分析打下基础。数据质量管理软件进一步保障数据的可靠性,通过监控和维护数据的完整性,支持组织做出基于数据的决策。

(二) 分析和报告工具:洞察业务趋势

分析和报告工具赋予组织洞察业务趋势和性能的能力。商业智能(BI)平台通过提供实时数据分析和可视化报告,帮助决策者快速理解复杂的数据集。数据可视化工具通过图表和仪表板,将复杂的数据转化为直观的图形信息,使得非技术用户也能轻松理解数据背后的故事。预测分析和统计软件则利用先进的算法,对数据进行深入挖掘,预测未来趋势,为战略规划提供科学依据。

(三) 自动化和流程管理工具:提升工作效率

自动化和流程管理工具通过优化和自动化业务流程,可以显著提升工作效率并减少人为错误。工作流管理系统(WFMS)通过定义、执行和管理业务流程,确保操作的标准化和合规性。机器人流程自动化(RPA)技术模拟人类用户的操作,自动执行重复性任务,释放人力资源从事更有创造性的工作。人工智能(AI)

和机器学习(ML)平台则进一步推动自动化的边界,通过智能算法自动识别模式、做出预测和推荐决策,从而提高决策的质量和速度。

(四)协作和通信工具：促进团队协同

在数字治理中,协作和通信工具对于促进团队协同工作和信息共享至关重要。项目管理软件帮助团队规划、执行和监控项目,确保项目目标的实现。协作平台如 Slack 和 Microsoft Teams 提供了即时消息、视频会议和文件共享等功能,支持团队成员之间的高效沟通和信息流通。视频会议和远程工作工具在物理空间受限的情况下,可以保持团队成员之间的沟通和协作,特别是在全球疫情等特殊情况下,这些工具显示了不可或缺的价值。

(五)安全和合规工具：保障数据和系统安全

安全和合规工具是数字治理中不可或缺的一部分,它们保护组织的数据和系统不受网络威胁的侵害。网络安全解决方案如防火墙和入侵检测系统,构建起防御网络攻击的第一道防线。身份和访问管理(IAM)系统通过严格的身份验证和授权机制,确保只有授权用户才能访问敏感数据和资源。数据加密和隐私保护工具则通过加密技术保护数据的传输和存储,同时确保组织遵守 GDPR 等数据保护法规,避免潜在的法律风险。

(六)云计算服务：提供灵活的计算资源

云计算服务为数字治理提供了灵活、可扩展和成本效益高的计算资源。基础设施即服务(IaaS)提供了虚拟化的计算资源,使得组织能够按需扩展其 IT 基础设施。平台即服务(PaaS)则提供了一个完整的开发和部署环境,支持应用程序的快速开发和迭代。软件即服务(SaaS)通过互联网提供应用程序,用户无须安装和维护软件,只需通过网络访问服务,大大降低了 IT 成本并提高了工作效率。随着云计算技术的不断成熟,组织越来越倾向于采用云服务来支持其数字治理活动。

二、数字治理工具的标准

有效的数据治理工具不仅能够帮助组织管理其数据资源,还能够确保数据的质量和安全性。为了实现这些目标,数据治理工具必须遵循一系列严格的标准。本节将详细介绍数据治理工具的关键标准,以及这些标准如何帮助组织实现有效的数据治理。

一是准确性和质量标准。在数据治理中,准确性和质量是衡量数据价值的关键指标。数据治理工具必须具备强大的数据校验功能,以确保输入数据的准确性,自动检测并纠正潜在的错误和不一致性。此外,数据清洗工具的应用对于维护数据质量至关重要,它能够帮助去除重复、无效或过时的数据条目,从而提升数据的整体可靠性。数据一致性标准则要求工具能够在不同的数据库和系统中保持数据的一致性,通过统一的数据管理策略,避免数据孤岛的产生,确保数据在整个组织中的准确性和一致性。

二是安全性和隐私保护标准。数据安全和隐私保护是数据治理工具必须严格遵守的核心标准。这些工具需要采用先进的数据加密技术,确保数据在存储和传输过程中的安全,防止数据泄露和未授权访问。访问控制机制的实施则确保只有经过授权的个人或系统能够访问敏感数据,从而降低数据安全风险。同时,数据治理工具必须遵循国际和地区的数据保护法规,如 GDPR,以确保数据处理活动合法合规,保护用户的隐私权益不受侵犯。

三是可用性和互操作性标准。可用性和互操作性标准确保数据治理工具能够在各种环境下稳定运行,并与其他系统无缝集成。工具应具备与现有 IT 基础设施兼容的能力,支持多种数据格式和通信协议,以实现数据的有效交换和共享。提供 API 支持和遵循开放标准是实现互操作性的关键,它允许第三方应用程序和服务与数据治理工具进行交互,增强了工具的灵活性和扩展性,同时为未来的技术升级和扩展提供了便利。

四是可扩展性和灵活性标准。随着组织的发展和业务需求的变化,数据治理工具必须具备良好的可扩展性和灵活性。工具的设计应采用模块化,允许用户根据业务需求轻松添加或移除功能模块。此外,工具应支持云服务和虚拟化技术,以便在数据量或处理需求增加时,能够快速调整资源分配,实现弹性扩展。用户自定义和配置的能力也是可扩展性的重要方面,它允许用户根据自己的特定需求定制数据模型和业务规则,使工具更加贴合实际业务流程。

五是性能和可靠性标准。性能和可靠性是衡量数据治理工具效率的关键指标。高效的数据治理工具应能够处理大量的数据请求，保持快速响应和高吞吐量，即使在高负载情况下也能维持稳定的性能。为了确保系统的连续运行，工具需要具备负载均衡和故障转移的能力，以最小化系统停机时间。同时，数据备份和恢复机制是保证数据不丢失和快速恢复的关键，这对于防止数据丢失和系统故障至关重要。

六是用户体验和支持标准。优秀的用户体验和及时的技术支持对于数据治理工具的成功实施至关重要。工具的用户界面应设计直观，易于操作，以减少用户的学习成本，并提高用户的工作效率。全面的用户培训和详细的使用文档能够帮助用户更好地理解和使用工具，从而充分发挥其功能。此外，可靠的客户支持服务能够确保用户在使用过程中一旦遇到问题就能够得到快速有效的解决，这对于提升用户满意度和工具的长期成功至关重要。

第三节 数字治理工具的选择

一、数字治理工具选择的制约因素

首先，选择数字治理工具的过程中，预算限制是组织必须首先面对的制约因素。有限的资金要求决策者在功能丰富性、性能优越性和成本效益之间找到平衡点。这不仅涉及对工具本身的购买成本的评估，还包括后续的实施、维护和升级费用。在预算紧张的情况下，组织可能需要寻找性价比高的解决方案，或者通过逐步投资的方式来实现长期的技术升级。

其次，技术兼容性和数据安全是另外两个关键的制约因素。现有IT基础设施的兼容性要求新工具能够无缝集成，避免因技术不兼容而导致的额外成本和运营中断。同时，数据治理工具必须符合严格的数据保护法规，如GDPR或CCPA，确保敏感信息的安全。这要求工具提供强大的加密、访问控制和审计功能，以及数据主体权利的支持，以避免潜在的法律风险和罚款。

再次，用户需求和技能水平也是影响工具选择的重要因素。工具的易用性和直观性直接影响用户的接受度和工作效率。组织需要考虑员工的技术熟练度，选择那些提供良好用户体验，又能提供充分培训支持的工具。此外，工具的可扩展性和灵活性也是重要的考量因素，要适应组织的发展和业务需求的变化，如支持更多的用户、处理更大的数据集或集成新的功能。

最后，供应商的信誉与服务质量、业务需求与目标匹配度、技术趋势的前瞻性、环境与社会影响的可持续性等因素，都在工具选择过程中扮演重要角色。供应商的服务质量和技术支持对工具的长期成功至关重要。同时，工具必须能够满足组织的特定业务需求，支持其战略目标，并具备适应未来技术趋势的能力。此外，组织可能还会考虑工具的环境和社会影响，如其对能源消耗的影响和供应商的社会责任记录。综合这些因素，组织需要进行全面评估，以确保所选工具能够有效支持其数据治理战略和业务目标的实现。

二、数字治理工具选择的主要维度

在选择数字治理工具时，需要综合考虑功能完整性、技术兼容性、可扩展性、安全性和合规性、用户体验、成本效益、供应商的支持和服务、业务适应性以及技术前瞻性等维度。

第一，功能完整性是选择数字治理工具的关键。一个理想的工具应该全面覆盖数据治理的核心领域，包括数据质量管理、元数据管理、数据集成、数据存储和数据安全等。这样的工具能够帮助组织建立一个统一的数据治理框架，确保数据的准确性、一致性和可信度。同时，功能完整性还意味着工具能够适应组织不断变化的需求，支持新的数据类型和治理策略。

第二，技术兼容性是确保工具顺利部署和集成的基础。选择的工具必须与组织现有的IT基础设施和应用程序兼容，无论是数据库、操作系统还是云平台。良好的技术兼容性减少了技术摩擦，降低了长期的维护和升级成本，同时也确保了系统的稳定性和可靠性。

第三，可扩展性是另一个重要的考量维度。随着组织的发展，数据量和用户需求可能会增加。因此，选择的工具应具备良好的横向和纵向扩展能力，能够处理更大规模的数据集，支持更多用户，并能够适应新的数据类型和数据源。这有助于组织在未来避免因工具不满足需求而进行昂贵的更换。

第四,安全性和合规性是数字治理工具不可或缺的组成部分。工具必须遵守严格的安全标准和合规要求,如实施加密技术、访问控制、用户身份验证、审计日志等安全措施,以保护数据免受未授权访问和泄露的风险。此外,工具还应支持组织遵守 GDPR、HIPAA 等数据保护法规,确保数据处理活动的合法性和合规性。

第五,用户体验对于工具的成功采用至关重要。直观易用的用户界面和交互设计能够减少用户的学习曲线,提高用户的工作效率。良好的用户体验有助于提升用户满意度,促进工具的广泛接受和使用,从而最大化投资回报。

第六,成本效益分析是决策过程中的重要环节。组织需要评估工具的总体拥有成本(TCO),包括购买成本、实施成本、运营成本和潜在的维护成本。通过成本效益分析,组织可以确保投资的合理性,并最大化投资回报。

第七,供应商的支持和服务也是选择工具时的重要考虑因素。选择那些提供全面技术支持、定期更新和专业培训的供应商,可以确保工具的长期稳定性和可靠性。供应商的服务质量直接影响到工具的性能和组织的满意度。

第八,业务适应性确保工具能够灵活适应组织的特定业务需求和流程。这意味着工具应提供定制化选项,支持不同的数据治理策略和业务规则,以满足组织的独特需求。业务适应性强的工具可以帮助组织更好地实现战略目标。

第九,技术前瞻性是确保工具长期价值的关键。考虑到技术的快速发展,选择的工具应具备适应新兴技术趋势的能力,如人工智能、机器学习和云计算等。这有助于确保工具不会迅速过时,并能够支持组织在未来的数据治理挑战中保持竞争力。

第七章

数字治理评价

第一节 数字治理评价的意义

一、数字治理评价的内涵

数字治理评价是一个系统的过程,旨在评估组织或政府在数字化转型过程中的治理实践和成效。这一评价涉及对组织如何利用数字技术来提高治理质量、决策效率、服务交付和公民参与等方面的全面审视。数字治理评价通常包括多个维度,如技术基础设施、数据管理、服务交付、用户体验、安全性和合规性等。评价方法可能包括定量分析(如统计数据分析、绩效指标评估)和定性分析(如案例研究、专家访谈、焦点小组讨论)。

二、数字治理评价的目的

数字治理评价的核心目的在于衡量和验证数字治理策略和措施的实际效果,包括技术的应用、政策的执行、服务的交付以及公民参与的程度。通过对这些关键领域的细致评估,组织可以准确地了解其数字治理实践是否达到了既定的目标,以及在哪些方面需要进一步的改进和优化。

此外,通过深入分析数据和反馈,评价可以帮助揭示治理实践中的不足之处,如技术缺陷、流程瓶颈、用户满意度低下或合规性风险。这些发现为组织提供了宝贵的信息,使其能够及时调整策略,解决这些问题,从而避免潜在的负面影响和资源浪费。

评价结果提供的见解和建议可以帮助决策者理解当前的治理状况,预测未来的趋势,并制定基于证据的决策。这种以数据为基础的决策方式提高了治理的科学性和有效性,确保了政策和资源能够得到最有效的分配和利用。

通过公开评价结果,组织可以向公众展示其治理活动的成效,增强公众对其治理能力的信任。同时,评价也促进了问责制度的建立,确保各个利益相关方,包括政府机构、管理人员和公民,都能够对其行为和结果负责。

通过评价过程中的公众咨询和反馈机制,公民可以更积极地参与治理活动,表达他们的需求和意见。这种参与不仅增强了治理的民主性和包容性,也为组织提供了宝贵的用户洞察,可以帮助其更好地满足社会需求和期望。

三、数字治理评价的功能

数字治理评价的功能在于提供一个全面的框架,用以衡量和分析组织在数字化转型过程中的治理实践和成效。这一评价不仅关注技术的应用和实施效果,还涵盖了政策、流程、人员和文化等多个维度。通过这种多角度的评估,组织能够获得关于其数字治理活动的深入见解,从而确保治理策略与组织的整体目标和社会责任保持一致。

监测与评估是其关键功能。它通过定期检查和分析,确保数字化战略得到正确实施,并按预期目标推进。这种持续的监测有助于组织及时发现治理实践中的偏差和不足,从而采取相应的纠正措施。此外,评价还能够揭示数字化转型对组织运营效率、服务质量和决策制定的具体影响,为进一步的战略调整提供数据支持。

决策支持是数字治理评价的另一个重要功能。评价结果提供的基于数据的见解和建议,可以帮助决策者理解当前的治理状况,预测未来趋势,并制定或调整策略。这种以数据为基础的决策方式提高了治理的科学性和有效性,确保了政策和资源能够得到最有效的分配和利用。评价结果还能帮助决策者识别新的机遇和挑战,从而在快速变化的数字化环境中保持竞争力。

通过识别和分析治理过程中的问题和不足,评价提供了一种质量控制机制。

这有助于组织及时纠正偏差，提高治理活动的质量和效率。例如，评价可以揭示数据管理的不足，促使组织改进数据收集、存储和分析的流程，从而确保数据的准确性和可靠性。

评价过程和结果的公开透明，增强了组织治理的透明度。这不仅提升了公众对组织治理活动的信任，也促进了公众参与和社会监督。透明度的提升有助于建立公众对组织的信任，增强其社会中的合法性和公信力。

评价强调问责制和合规性，确保组织遵守相关法律法规和内部政策。这一功能通过评价组织的合规性和治理实践，帮助组织避免潜在的法律风险和声誉损失。问责机制的建立和强化，确保了治理活动的正当性和有效性，同时也提高了组织对外部监管和公众期望的响应能力。

第二节 数字治理评价的基本内容

一、数字治理评价的主体

数字治理评价的主体是多元化的，涵盖了从政府机构到民间组织的广泛参与者。政府部门和机构作为评价主体之一，承担着监督公共政策和服务交付的重要职责。他们通过内部审计、性能评估和公众反馈，确保数字治理活动符合政府的既定目标和公众的利益。政府部门的评价活动通常具有官方性质，其结果直接影响政策制定和资源分配。

独立监管机构在数字治理评价中扮演着关键角色。这些机构，如数据保护局和信息专员办公室，专注于评估政府和企业在数据管理和隐私保护方面的合规性。他们的工作确保了数字治理实践不会侵犯公民的隐私权和其他法定权利，同时促进了透明度和问责制的建立。这些机构的独立性使他们能够在没有利益冲突的情况下进行客观评价。

学术和研究机构为数字治理评价提供了理论基础和方法论支持。大学和研究中心通过实证研究、案例分析和政策建议，对数字治理的各个方面进行深入探讨。他们的工作不仅推动了治理理论的发展，也为实践者提供了宝贵的参考和指导。学术评价通常注重长期趋势和系统性问题，有助于预测未来的挑战和机遇。

非政府组织（Non-Governmental Organization，NGO）和公民团体在推动社会责任和提升公众参与方面发挥着重要作用。他们通过监督政府和企业的数字治理活动，确保这些活动不仅合法合规，而且符合社会公正和伦理标准。NGO的评价活动通常更加关注边缘化群体的权益，以及数字治理对社会各层面的影响。

私营企业和行业组织也是数字治理评价的重要主体。他们通过自我评估和行业标准认证，确保提供的产品和服务满足市场和用户的需求。这些组织的评价活动有助于提升行业整体的治理水平，同时也促进了企业之间的健康竞争。

国际组织如联合国和世界银行在全球数字治理评价中扮演着重要角色。他们通过制定国际标准、发布全球报告和提供技术支持，推动全球范围内的数字治理实践。这些组织的评价活动有助于识别和解决跨国界的数字治理问题，促进国际合作和经验交流。

第三方评估机构和咨询公司提供专业的评价服务，帮助政府和企业识别数字治理的优势和不足。他们的独立评价报告基于深入的数据分析和最佳实践研究，为客户提供定制化的改进建议。

技术社区和专家通过分享他们的专业知识和经验，对数字治理的技术实施和创新进行评价。他们的见解对于指导技术应用和创新具有重要意义，同时也为政策制定者提供了关于新兴技术趋势的宝贵信息。

二、数字治理评价的要求

数字治理评价旨在确保评价过程的全面性、准确性和有效性。首先，评价应当基于明确的目标和标准，这些目标和标准应与组织的战略目标、法律法规要求以及社会期望相一致。评价目标的设定需要考虑到数字治理的多个维度，包括技术应用、政策执行、服务质量、用户参与度和治理成效等。此外，评价标准应当是可量化的，以便于收集数据、进行比较分析和得出客观结论。

其次,评价过程需要采用科学的方法和工具。这包括选择合适的数据收集和分析技术,如统计分析、趋势预测、用户体验评估等。评价方法的选择应当基于数据的可获得性和可靠性,以及评价目的的具体要求。同时,评价工具的应用应当遵循数据保护和隐私法规,确保在收集和处理个人数据时的合法性和道德性。评价过程中还应当考虑到数据的代表性和多样性,以避免偏见和误解。

再次,评价应当具有透明性和公正性。评价的过程和结果应当对所有利益相关方公开,以便于监督和反馈。透明度的提高有助于增强评价的可信度,同时也促进了公众参与和社会责任。公正性要求评价过程中避免任何形式的利益冲突和偏见,确保评价结果的客观性和中立性。此外,评价应当考虑到不同群体和利益相关方的需求和观点,以实现评价的公平性和包容性。

最后,评价应当具有可持续性。这意味着评价活动不仅关注短期成效,还应考虑长期影响和持续改进。评价结果应用于指导未来的治理策略和实践,以实现组织的持续发展和社会责任。此外,评价机制本身也应当是可持续的,能够适应技术进步和环境变化,不断更新和完善评价方法和工具。

三、数字治理评价方法

数字治理评价的方法应当根据组织的具体目标和情境灵活选择。有效的评价方法不仅能够提供关于数字治理实践的深入见解,还能够指导组织进行持续的改进和创新,以实现更好的治理效果和更高的用户满意度。以下是六种常用的数字治理评价方法。

一是定量分析方法。定量分析方法依赖于数值数据和统计技术来评估数字治理的效果。这些方法包括但不限于数据挖掘、回归分析、方差分析和绩效指标监控。例如,通过跟踪和比较关键绩效指标(KPIs),如用户参与度、服务响应时间和系统故障率,组织可以定量地评估其数字服务的表现。此外,数据分析工具可以帮助识别数据中的模式和趋势,从而为治理改进提供依据。

二是定性研究方法。定性研究方法侧重于理解人们的行为、态度和经验。这些方法包括访谈、焦点小组、案例研究和民族志研究。通过与利益相关方进行深入对话,组织可以获得对其数字治理实践的深刻见解。定性方法特别适用于探索新技术的社会影响、用户满意度和治理过程中的挑战。

三是用户体验评估。用户体验评估专注于评估数字服务和产品如何满足用户需求。这可以通过用户测试、调查问卷和可用性研究来完成。通过收集用户的直接反馈，组织可以了解其服务的易用性、可访问性和满足度，从而进行必要的设计改进。

四是自我评估和基准比较。自我评估是指组织对自己的数字治理实践进行内部审查。这可以帮助识别优势和需要改进的领域，并制定相应的行动计划。基准比较则涉及将组织的实践与其他组织或行业标准进行比较，以确定组织在数字治理方面的位置和潜在的改进空间。

五是综合评价方法。综合评价方法结合了定量和定性技术，以及其他评价工具，如SWOT分析（优势、劣势、机会和威胁分析）和PEST分析（政治、经济、社会和技术环境分析）。这种方法可以提供更全面的视角，帮助组织理解其数字治理实践在更广泛社会经济背景下的表现。

六是持续监测和反馈循环。持续监测和反馈循环是数字治理评价的重要组成部分。通过定期收集和分析数据，组织可以持续跟踪其治理实践的效果，并根据反馈进行调整。这种方法有助于确保数字治理活动能够适应不断变化的环境和需求。

第三节　数字治理评价的程序

一、数字治理评价指标的选取

数字治理评价指标的选取是确保评价过程有效性和准确性的关键。这些指标应当能够全面反映数字治理的各个方面，包括技术应用、政策执行、服务质量、用户参与和治理成效等。选取数字治理评价指标时主要考虑以下七个方面。

一是目标一致性。评价指标应与组织的战略目标和数字治理的预期成果保持一致。例如，如果目标是提高政府服务的透明度，那么指标可以包括政府数据公开的数量和质量、信息获取的便捷性等。

二是可量化性。选取的指标应尽可能是可量化的,以便于收集数据和进行比较分析。例如,服务响应时间、系统可用性、用户满意度调查分数等都是可以量化的指标。

三是相关性和代表性。评价指标应与数字治理的关键领域密切相关,能够代表治理实践的主要方面。例如,数据质量和数据安全是数字治理中的两个核心领域,相关的指标可以包括数据准确性、完整性和保密性等。

四是可比性。指标应当具备良好的可比性,使得组织内部或不同组织之间可以进行横向或纵向比较。例如,通过比较不同时间段或不同部门的数据,可以评估改进措施的效果。

五是动态性和适应性。随着技术的发展和社会环境的变化,评价指标也应当具有一定的动态性和适应性。组织应定期审查和更新指标,确保它们能够反映最新的治理实践和需求。

六是易理解性。评价指标应当简洁明了,易于理解。复杂的指标可能会造成误解,影响评价结果的解释和应用。

七是综合平衡性。在选取评价指标时,应综合考虑各个方面的平衡,包括技术、管理、经济和社会等不同维度。例如,除了关注技术性能指标,还应关注用户满意度、社会影响等指标。

二、数字治理评价数据收集与整理

(一)数据需求与计划制定

在数字治理评价的初期阶段,明确数据需求是至关重要的。这包括识别与评价指标相关的关键数据点,以及确定如何通过这些数据来衡量治理实践的成效。随后,根据这些需求设计详尽的数据收集计划,明确数据来源、收集方法、时间节点和责任人。这一计划将指导整个数据收集过程,确保数据的相关性和充分性。

(二)数据收集与初步处理

实施数据收集时,采用问卷、访谈、系统日志分析等多种方法,从不同渠道获取所需信息。在此过程中,必须确保数据收集的合法性、道德性和透明性。收集到的原始数据需要进行初步处理,包括验证数据的准确性、去除重复项、纠正错误,并处理缺失值,这一步骤被称为数据清洗,目的是确保数据的质量和完整性。

(三)数据整理与安全存储

清洗后的数据将进入整理阶段,这一阶段涉及将数据分类、编码并存储在适当的数据库或电子表格中。数据整理的目的是便于后续的分析工作,确保数据可以被有效地查询和使用。同时,必须采取适当的安全措施来保护数据,防止未授权访问和泄漏,确保数据的安全性和隐私性。

(四)数据分析准备与反馈

准备进行数据分析之前,需要对数据进行进一步的转换和聚合,可能还包括创建数据可视化,以便更直观地理解数据内容。在此阶段,数据分析的计划应与之前制定的数据收集目标保持一致,确保评价的连贯性。最后,在正式分析之前,向利益相关方展示数据收集的结果,获取他们的反馈,可以增加评价过程的透明度和公正性。

第八章

国内数字治理的多元探索与实践

第一节 数字治理与创新驱动构建人民城市

案例一 上海市:"两张网"赋能运行过程

治理举措

上海"两张网"建设以"一网通办"和"一网统管"为抓手,通过技术赋能,全面改造和创新城市治理机制,使城市治理主体获得更加高效、精准和有预见性的治理能力,切实提升城市公共管理、公共安全和公共服务的能力。

在治理体系上,坚持需求导向、问题导向、效果导向和实战管用原则,继续聚焦经济、社会和城市治理统筹协调、有机衔接治理体系,推动"两张网"深度融合。"一网通办"从企业视角出发,以系统思维、创新思维探索破解问题的路径,充分发挥数字技术在推进流程优化、模式创新方面的支撑性、引领性作用,全局性谋划、整体性推进"上海企业登记在线"网上服务平台建设,以更全面的全程网办能力、更广泛的跨领域协同服务、更智慧的在线办事体验为海内外投资者提供高质量的数字化企业登记服务。

在治理机制上,持续推进治理流程优化升级,加快区级能力建设,积极构建市级顶层统筹、条线有效联动、区级规范运作、基层实战应用的"两张网"协同发展模式。"一网统管"在市、区、街镇三级打造平战一体、双向协同的"1＋16＋16＋215"融合指挥体系(1个市级指挥平台、防汛防台等16个市级专项指挥平台、16个区级指挥平台和215个街镇指挥平台)和"一线管战、市级管援"平台化运作机制,形成平战一体、双向协同的融合指挥体系,显著提升城市运行管理和突发事件处置效率。市级"一网统管"平台已汇集78个部门和单位的1 398个应用,不断在实战应用中迭代升级。

在治理模式上,以"多元参与"为支撑,贯彻"人民城市"重要理念,拓展治理"新空间",引领城市多元共治。在"两张网"的双向管道设计中,政府着力解决人民群众关心的实质性联系和海量的频繁互动,精准的沟通和回应机制构建了人民与城市之间的新型关系,人民城市成为实实在在的城市生活场景。

实施成效

(一) 重在满足人民美好生活需要

"两张网"的建设催生了人民城市理念的具象化实践,运用信息技术等手段,对政府机构进行自我加压和自我革命,落脚点是广大人民群众的获得感、幸福感和满意度,理性的市民文化、主人翁精神、自豪感和责任感,内融于血脉,外化为言行,使"两张网"成为密切党同人民群众血肉联系的连心网。

(二) 技术赋能为群众提供更优质服务

"一网通办"以"高效办理一件事"为目标,目前已接入50余家市级部门和16个区的1 541个政务服务事项,实现平均减环节69%、减时间54%、减材料75%、减跑动71%,同时针对老年人的特定需求进行了适老化改造。

"一网统管"聚焦"高效处置一件事",创造性推出一套较为完整的城市运行基本体征指标体系,为城市高效、安全、有序管理提供保障。在日常面对3 000多万人口、270多万市场主体的超大城市,城市运行和市民服务便捷、有序、精细、高效,让数据成为人力的"向导",大大提升了城市的保障温度和韧性,也提升了居民的获得感。

案例二　厦门市:"e政务"便民服务站项目

📋 治理举措

(一) 全国首创"刷脸"自助办事模式

2017年,厦门在全国率先应用了"刷脸"认证技术,采用公安部"互联网＋"可信身份认证技术作为实名认证方式,实行"刷脸＋刷身份证"双重认证,实现秒级登录。集成身份证阅读器、指纹仪、电子印章、实体卡读写、扫描打印、二维码阅读器、银联模块等多项功能,"e政务"既有了"网上办、手机办"的便捷性,又有了"窗口办"的实体操作性,群众办事"一次性办结",智能化、集合度全国领先。"e政务"自助终端设备拥有自主专利及软件著作权,已通过公安部等单位检测认证。公安部第一研究所发布报告,确认"e政务"刷脸办事的应用模式为全国首创。

(二) 全国首创共享自助终端模式

"e政务"打破部门间数据壁垒,建立部门大协同的新机制,建成了一个开放共享的自助服务平台,可同时办理多部门业务,"e政务"已整合公安局、人社局、交通局、信用办、医保局、公积金中心、市场监督局、房屋事务中心、档案中心、海关等多部门上百项高频服务事项,方便群众一站式办理。"e政务"已形成具备跨部门、跨层级、跨区域的一体化自助服务终端体系。

(三) 全国首创社会化建站模式

"e政务"具备国家安全三级等保资质,基于专属虚拟内网、安全软件系统加固、SM3加密通信等技术手段和防护措施,打破政务专网限制,实现内外网安全交互,将平台建设于互联网上。以此全国首创社会化建站模式,将"e政务"进驻至街道社区、便利店、医院、企业园区、写字楼等多元场所,24小时全天候服务,打通政务服务最后一公里,将政务服务送至群众家门口。

(四) "人工＋科技"智能运维模式

建立了"e政务"社会化运维中心,开通了400服务专线,规范化客服工作制度,实现线上线下双渠道为群众提供咨询解答服务。技术人员专门为"e政务"开发了可视化管理平台及专用巡检APP,采用科技化的管理手段,对设备进行实时监控和提前预警,协助合理规划运维工作。

 实施成效

(一)"e政务"便民服务站24小时不打烊:春节期间办理临时身份证明6 588件

为更好地服务市民、游客,2023年年底,厦门市警方充分发挥"e政务"便民服务站"就近办"和"24小时不打烊"的服务优势,推出了"酒店入驻临时身份证明自助打印"新功能,使市民游客可以就近在遍布全市的200个"e政务"便民服务站自助办理临时身份证明。仅春节期间,就办理酒店入住临时身份证明6 588件,其中,为个人办理2 449件,为儿童办理4 139件。

(二)国庆期间"e政务"便民开具临时身份证明近2万份

为应对国庆来厦旅游高峰,厦门市公安局积极优化"e政务"便民服务站站点布局,使入驻站点周边区域酒店的旅客可以就近快捷办理临时身份证明。同时,针对游客前往鼓浪屿需要实名购票乘船,轮渡购票窗口因办理临时身份证明经常出现大排长龙的情况,厦门市"e政务"便民服务站于7月底推出了乘船购票临时身份证明功能,并将"e政务"站点进驻到国际邮轮码头和轮渡码头,方便旅客快速办理临时身份证明,及时购票乘船避免错过提前预订的航班。

(三)"e政务"将形成"15分钟服务圈"

15分钟内,市民就能找到"e政务"便民服务站;通过站内自助机,不仅可以缴交非税收入,还可申领并使用支付宝网证;通过刷脸登录"122平台",还能办理21项车驾管业务等。

"e政务"便民服务站创新采用公安部"互联网+可信身份认证"技术,实行"刷脸自助办事+入驻24小时社区便利店"模式,把政务服务送到市民家门口。市民通过"身份证+刷脸",即可在自助终端机上办理就业失业登记证明、居住证自助办理、公安业务办事证明、交通违法处理和缴款、个人社保缴费情况证明自助打印开具等网上政务便民服务,开启了"刷脸时代"互联网政务的新模式。

案例三　重庆市："一库四联盟"

治理举措

"一库四联盟"就业服务机制改革中的"一库"是指人力资源信息库,而"四联盟"则分别指就业服务联盟、创业联盟、培训联盟和人力资本联盟。

（一）人力资源信息库

依托"智慧人社"一体化平台,充分发挥大数据比对和基层工作人员、劳务经纪人作用,全面升级全市人力资源信息库,形成户籍16周岁以上劳动力台账和市外户籍来渝就业人员台账,分类建立专项信息库,生成"一人一档",并实行常态化动态更新,为"四联盟"发挥作用、促进就业创业工作奠定坚实基础。

（二）就业服务联盟

在原人力资源服务联盟基础上,围绕我市重点产业、重点企业、规上企业以及公共和市场化人力资源服务机构,升级组建就业服务联盟,加大招聘信息归集力度,实时发布重点产业企业岗位需求,运用大数据、云计算等技术,精准推送岗位信息,与人力资源信息库中有就业意愿的人员有效匹配。

（三）创业联盟

深入实施创新驱动发展战略,发挥"公共＋市场"作用,进一步整合创业资源,汇聚创业力量,升级创业联盟,为人力资源信息库中有创业意愿的人员和优质创业项目提供全程化、精细化服务,激发经济发展内生动力和创业创新活力,提升创业服务质量和创业成功率,发挥创业带动就业的倍增效应。

（四）培训联盟

整合优质资源,围绕重点产业用工、重点群体就业需求和乡村振兴战略等,开展调查评估,促进就创联动,通过政府引导与市场参与相结合,技术支持与产业发展相结合,技能服务与技能提升相结合,培训品牌与重点产业结合,形成政策决策的调研平台、规范行业发展的示范平台、促进品牌化集团化的培育平台、对接就业创业的联动平台,促进培训链、就业链、人才链、产业链有机融合。

（五）人力资本联盟

整合知名高校与科研院所、科技公司、金融机构、中介机构、知名企业五方力量，组建人力资本联盟，搭建政府、企业、人才、人力资源机构共享的互动台，为人才、资本、技术等创新要素高效配置提供良好环境。

实施成效

（一）统筹资源整合，均等化享有公共就业服务

充分发挥公共和市场作用，统筹公共就业服务政策、制度、资源、力量，不断延伸服务触角，同时推进公共就业服务标准化试点，所有公共就业服务事项实现"三级四同"。围绕成渝地区双城经济圈建设国家战略，着力破除机制壁垒，实现失业登记、职业介绍、职业指导等6项公共就业服务事项川渝"跨省通办"。

（二）大数据资源聚合，就业服务更高效便捷

运用大数据、智能化技术，健全人力资源数据生成、更新、运行机制，促进供需有效对接，目前已建立拥有2 100多万劳动力的人力资源信息库，并分类建设专项信息库，多维度、多层次进行数据统计，为开展就业形势分析、政策研究制定、服务质量提升提供精准数据支撑。

（三）组建大平台，促进就业服务多元化

通过精准搭建用工、创业、培训等服务平台，构建政府主导、社会参与的多元化服务供给体系，提高就业服务有效性。深入推进"一库四联盟"工作，充分运用大数据、智能化技术实现精准对接，为服务对象提供全方位、精准化、智能化的就业创业服务，促进就业创业服务资源共享、互联互通，提升服务效能，以优质高效的就业服务助力就业工作高质量发展。

案例四　重庆市："救助通"

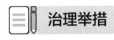

治理举措

"重庆救助通"后台端为重庆市社会救助综合信息平台。一年多来，在民政

部"救助通"的"救助申请、电子授权、生存认证、进度查询"等功能基础上,重庆市将其本地化开发拓展了"救助证明、救助公示、工作人员入口、政策宣传、监测预警"5大功能,形成了具有重庆辨识度的"重庆救助通"应用。

（一）线上申请、刷脸授权

该系统的市民端为微信小程序"重庆救助通",困难群众申请社会救助,可点开"重庆救助通"微信小程序上的"申请救助"功能,仅需要拍照上传身份证照片,填报本人及家庭成员的基本情况,在线签署核对授权书,即可完成低保、特困、临时救助、低保边缘等社会救助事项申请,无须群众或者工作人员往返奔波提交收取纸质申请资料。没有智能手机的群众,可由亲朋好友等帮办代办。

"重庆救助通"小程序端设有在线签署核查授权功能,申请救助家庭成员或相关赡养抚养扶养义务人在手机上就能完成签署核查授权书。市民政局还要求全市进一步优化办理流程,简化审核确认程序,减少申报要件,对没有争议的救助申请家庭,可不再进行民主评议。最大限度减环节、优流程、压时限、提效率,让困难群众获得救助的等待时间更短。

（二）手机录入数据、线上资格认证

人工审核,救助申请、救助待遇资格认证、家庭经济状况信息核对、救助证明出具、入户调查等方面均实现了"掌上"办理或系统自动完成,避免了过去基层多系统切换、数据重复录入等情况,效率和准度上均超过传统的线下模式。"重庆救助通"上设有"待遇资格认证"功能,已获救助的困难群众,可定期扫脸识别进行生存状况验证,大大减轻了群众和基层工作负担。

（三）动态监测、扩展功能

目前,将在册低保对象、在册特困人员、低保边缘家庭、近一年临时救助对象、易返贫致贫人口、近一年内退出保障对象、通过"重庆救助通"申请救助未通过人员7类人员纳入低收入人口监测范围,对低收入人口建立了10个监测预警模型,将低收入人口与市级归集的死亡人口信息、刑拘在押人员信息、家庭新增人口信息、残疾人信息、家庭婚姻状况变化信息5类数据进行交叉比对,形成预警信息,并定期下发相关区县进行核实,对确需救助对象及时实施救助,对于不再符合救助条件的,及时终止救助。

实施成效

（一）"重庆救助通"方便群众

它为出行不便、交通不畅、远在异地、政策不熟、信息不通的困难群众提供了方便快捷的救助事项申请、办理、查询等服务，实现了申请社会救助"掌上办""指尖办"。重庆市的社会救助申请也从白天的工作日办公接件，延长到了24小时可随时在线发起。

（二）基层工作者轻装上阵

社会救助申请由传统的线下办理转为"重庆救助通"线上办理后，大幅减少了人工审核，救助申请、救助待遇资格认证、家庭经济状况信息核对、救助证明出具、入户调查等方面均实现了"掌上"办理或系统自动完成，避免了过去基层多系统切换、数据重复录入等情况，效率和准度上均超过传统线下模式。

（三）实现困难群众"一件事一次办"

据重庆市最低生活保障事务中心统计，"重庆救助通"上线以来，累计共收到救助申请总量44 341人次，签署核对授权书53 075人次，待遇资格认证195 443人次。经调查核实，已对符合条件的9 591人给予保障；另外，还有办理中12 651人；对暂不符合条件的20 495人纳入低收入人口动态监测平台进行动态监测。届时，重庆市获得最低生活保障、特困人员等资格的困难群众在医疗救助待遇、城乡居民基本养老保险参保登记、有线电视费减免、垃圾处置费减免、电量电费减免等方面，可享受"免申即享"服务。

第二节　数字化赋能营商环境高质量发展

案例五　成都市：移动端发票服务助手"蓉票儿"

治理举措

成都市"蓉票儿"电子发票管理服务平台支持"一码三票"：扫描一个开票码，

可开具电子普通发票、纸质专票、纸质普票三种发票。该平台是基于数字化技术的最新电子发票管理服务平台,具备多平台扫码开票、移动端审核开票、7天内补开发票、代开发票等功能。同时,平台还支持多家门店共用一个税盘,将有效降低商户的运营成本、提高运营效率。

对消费者而言,通过手机上任何扫描工具扫描开票二维码即可实现在线申请开票,并通过模糊搜索企业名称及税号、微信卡包导入、自动发送电子发票信息等功能,最快3秒至5秒即可完成整个开票过程并自动获取电子发票信息;对商家而言,则可通过PC客户端、手机端等多种路径开票。

 **实施成效**

(一)便民办税,让商户少跑腿

电子普通发票的开具功能可以减少商户因为发票的问题前往税务机关处理的麻烦,切实做到让数据多走路、让商家少跑腿。在正式上线的启动仪式上,"蓉票儿"还支持移动端审核,打破了普通电子发票产品只能PC端审核的局限,随时随地审核开票,让商家的开票操作更简单。此外,在"蓉票儿"平台上,同一品牌多家门店还可以共用一个税盘,对于连锁型商家来说省时省力又省钱。

(二)提升消费体验,让开票更便捷

消费者在相应时间内,只需在微信上打开"蓉票儿"小程序,按步骤操作便可自助补开发票,这样既让消费者方便,同时也减少了商家的麻烦。此后,"蓉票儿"还将启动支持在线上办理自然人代开功能,大大缓解了自然人代开跑办税大厅的麻烦。

(三)优化税收营商环境,高新税务推动电子办税"再提速"

2019年是成都市确定的国际化营商环境建设年,"增值税电子发票管理服务平台"("蓉票儿")的成功试运行,对优化税收营商环境、有效缓解办税服务厅压力、为纳税人和消费者提供更好的办税体验、助力打造国际化营商环境先进城市,都具有重要的意义。

案例六　福建省：营商环境数字化监测督导平台

治理举措

福建省营商环境监测督导平台以设区市为支点，大数据运用为依托，绩效考核为手段，营商环境日常监测、市场主体满意度调查、现场核验督导相结合，形成了横向部门联动、纵向垂直指导的福建省营商环境数字化监测督导机制，从企业群众获得感和满意度出发，打造推动营商环境建设新模式，优化提升营商环境。

营商环境监测督导平台主要包括"一中心、一标准、九系统"。"一中心"：营商环境数据中心，为营商环境日常监测、企业满意度调查提供客观的数据支撑。"一标准"：建立具有福建省特色的营商环境标准体系，包括指标量化数据标准、信息技术基础标准、数据接入标准、数据共享交换标准、数据清洗标准、信息资源标准、信息安全标准等。"九系统"：主要包括综合展示系统、指标体系管理系统、数据采集系统、分析研判系统、对标对比系统、市场主体满意度系统、任务督导系统、营商环境政策库和材料报送系统。

平台依托一套营商环境指标体系建设，包含18个一级指标、61个二级指标、302个监测事项、572个采集数据项。截至目前，通过平台自动抓取、部门上报的营商环境政策3 877条，通过接口采集和部门报送的指标数据近5亿条。其中，21.33%的数据为每日更新（包含7.69%实时更新），4.90%的数据为月度更新，28.15%的数据为季度更新，45.62%的数据为年度更新。

实施成效

（一）降低营商环境评估成本

福建省营商环境监测督导平台项目是集数据采集、清洗、研判为一体的在线平台，数据来源于福建省政务数据汇聚共享平台，其全面性和绝对量，是传统模式所不能比拟的；整个评估过程由算法模型主导，减少了数据报送、梳理和评估计算的工作量，且结果的时效性和客观性都能得到保障，大大提高工作效率。

(二)市场主体运营增效

通过平台的建设,能促进当场办结、一次办结、限时办结等制度的落实,通过数据看板,能集中体现集中办理、就近办理、网上办理、异地可办的真实反馈。省级平台在汇聚福建省数据的基础之上,能真实反馈并联审批、区域评估等福建省内跨行政区的工作。

(三)强化部门业务协同

通过信息化手段实现业务的闭环管理和省、市、区县三级部门间的业务协同,提高营商环境监测督导工作效率。营商环境评价指标数据由全部人工统计、上报的模式变为部分数据的自动采集、自动报送的模式。200个指标项,每年预估可减少3个人月工作量。

(四)优化政务服务能力

随着平台的建设,以市场主体需求为导向,以深刻转变政府职能为核心,加强了对市场主体的平等保护,为市场主体提供更为规范、便利、高效的政务服务。平台的建设也能有效督促政府及有关部门推进政务服务标准化,达到减环节、减材料、减时限的数字政府发展目标。例如,平台上线后,加强了省内不动产登记机构的部门协作,通过实行不动产登记、交易和缴税一窗受理和并行办理,压缩了办理时间,降低了办理成本。

第三节 数字协同共治体系建设

案例七 成都市(新津区):"基层报表通"

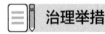
治理举措

(一)做强以数据中台为支撑的字段超市

建好"数据底池"。全面推进城市管理、社会民生等城市运行数据向智慧新津数据中台集成,汇聚940余个数据源、8.8亿余条各类基础数据,日共享调用数据 5 000 余次,形成规范统一的数据场域。

丰富"字段超市"。分析 80 余张社区高频报表,通过数据关联、数据治理,清洗人房关系类、疫情防控类、重点行业类等 328 个常用字段,供数据需求方提取使用。

实现自定义配置表格功能。开发自定义表格,在字段超市的基础上,实现自定义配置表格功能,数据需求方简易选择字段,配置筛选条件,系统智能分析关联、自动抓取数据、一键生成报表。

(二) 推进以流程再造为重点的机制优化

专班重点攻坚。由区委社治委、区智慧治理中心牵头,组织卫健局、民政局、农业农村局等首批部门,梳理常态化报表,分析数据来源,寻找数据关联、优化现行机制,开展定向攻坚。

再造业务流程。重点推进疫情类报表减负,在疫情防控核酸常态化监测中,通过改变部门、镇街、社区传统层层报表的方式后,行业部门只需更新从业人员信息,系统自动比对核酸检测数据,一键生成报表。

线上线下联动。针对系统分析出的核酸漏检人员,通过事件中枢自动向基层一线人员推送提醒,基层一线人员精准督促,确保重点人员检测无遗漏。该功能实现以来,仅这项工作每周就减少 10 小时以上的基层报表时间,释放更多时间服务群众。

(三) 建设以动态维护为导向的任务系统

走访"日常更新"。基层一线人员在走村入户、服务群众的过程中,通过手机端功能,同步更新人房关系、特殊人群、重点行业等数据,保持数据鲜活、实时精准。

任务"定向更新"。针对"字段超市"缺失字段,通过下发采集任务,基层一线人员定向完成数据采集,实现统收统报、数据复用。

行业"自主更新"。梳理区卫健局、民政局、农业农村局等部门的基础信息类报表,由行业部门负责日常更新,分权限共享使用,实现数据横向互通、多维利用。

(四) 构建以三级队伍为保障的管理体系

设立区级数据管理员。明确专人负责全区数据资源分析归类、统筹入库,对报表需求实行审批准入、分级授权,确保"报表通"全流程高效运转。

设立单位数据管理员。以部门、镇街、功能区、国有公司为单位,遴选数据管理员,负责单位数据资源收集整理、常态维护,确保数据安全可控。

设立社区数据治理员。整合社区专职工作者和网格员力量,建立数据治理员队伍,负责动态更新数据、完成采集任务,系统更新数据均可进行数据反向追溯,实现"谁采集、谁提供、谁负责"。

实施成效

(一) 通过数据中台赋能,实现向基层要数据到向中台要数据转变

过去,各行业部门向镇街发通知收数据,镇街通知基层人员报数据,镇街汇总再上报。现在,基层人员完成基础数据一次采集后,只在工作过程中进行动态更新,各行业部门数据需求直接在"报表通"配置报表,"报表通"向中台抓取数据形成报表。

(二) 通过事件闭环处置,实现数据不新不准向数据及时精准转变

过去,需要层层核实上报,耗费大量人力,数据时效性低,基层不掌握基础数据,人工大规模摸排,工作烦琐,真实性无法保障。现在,数据系统自动统计,监测分析及时高效,基础数据回流基层一线,按需补充缺失信息,结果更精准。

(三) 通过线上线下联动,实现数据工具支撑、基层减负增效

以疫情防控重点行业人员核酸检测为例。过去,卫健局需要日统计、周上报常态化监测数据,涉及13个部门、8个镇街,收集24个基础信息表,再人工统计形成19个统计报表。现在,行业部门、村(社区)只需补充基础信息,数据中台自动比对核酸数据,漏检人员通过事件中枢通知社区,实现19张日统计、周上报报表"一键生成",监测任务"主动提醒",减轻了基层报表负担。

案例八 北京市(海淀区):城市大脑

治理举措

顶层设计打造了"1+1+2+N"的海淀城市大脑架构模式,即一张感知网、一

个智能云平台、两个中心(大数据中心、AI计算中心)、N个创新应用场景,具体为:

(1)"一张感知网":由全区14 500余路在网摄像机,以及10 000多路传感器做支撑;

(2)"时空一张图":汇聚全区249个专题地图数据,包括基础地理、行政区划、二三维地图、约17万个建筑物信息、1.9亿平方米建筑面积,以及由127个图层、约130万个数据要素组成的城市部件数据等,还有1万多个摄像头点位、249个数据图层、百万级图层调用等信息,赋予海淀城市管理者"万能视角",为城市交通、城市管理、公共安全、生态环境、街镇应用五大领域提供地理空间服务。

(3)"两个中心":大数据中心汇聚政务数据、物联网数据、互联网数据、社会资源数据,目前已接入全区;AI计算中心可对各类数据进行智能分析处理,并提供智能分析服务和识别结果。它集成7个委办局单位的城市管理业务应用,为渣土车治理、城市管理事件识别、智慧工地、智慧交通、疫情防控等20个城市管理应用场景提供算力和算法支持。经测试,目前AI计算中心提供的AI算力超2 000万亿次/秒,处理总数据量超20亿次。

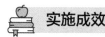

实施成效

(一)"机制+科技",突破基层治理难题

在渣土车综合治理领域,海淀智慧交通系统充分利用"城市大脑"的地理定位和AI识别能力,实现了对渣土车源头管控、车辆轨迹研判、违法特征研判、执法取证、自动处理环节在内的精准识别与高效处理,为交通、城管非现场执法提供科技支撑。

在城市交通领域,海淀智慧交通系统可实时掌握交通态势,精准感知各类交通事件并分析原因,从而指挥调控交通运行状态。针对工地施工问题,管理人员足不出户,便可通过智慧监管平台精准查看海淀所有建筑工地的实时状况,对现场施工人员、机械、运输车辆的作业状态进行全面监控管理。

(二)聚焦民生细节,增强系统服务性

地下"城市大脑"系统同步密织。中关村西区全部15条大街完成智能化改造。区域内市政井盖和地下管廊等涉及城市生命线的相关设备安装了 520 个传感器,使市政设施拥有了"感觉神经",对井盖位移、地下燃气泄漏等城市安全隐患进行管理,覆盖了水、电、气、热等关键民生领域,相关的信息都会及时传输到"城市大脑"系统中。

(三)更新迭代,创造"城市大脑"新场景

海淀"城市大脑"以人工智能、大数据、云计算、区块链等新兴技术为依托,实现业务全流程的"算力"替代"人力"3.0 阶段。未来海淀将向 4.0 阶段演进。4.0 阶段的特点是"系统干事人想事",系统取代人成为工作主力,实现城市运行、发展的整体智慧化。

案例九 广州市:"穗智管"城市运行管理平台

治理举措

(一)"穗智管"全时域感知城市心跳和脉搏

一是以城市管理和城市发展为需求,通过建立 24 个应用主题,对接 35 个市业务部门的业务系统、物联感知体系、统计数据等,以具体业务应用场景为导向对城市重点、关键领域详细分析,构建起城市运行监测"一张图",多层次、全方位掌握城市运行状态。

二是全面排查梳理全市服务管理要素,通过多源融合政务数据、地理空间数据、互联网数据以及社会数据,在全国率先建设"人、企、地、物、政"五张城市治理要素全景图,打造一图统揽全域城市要素。

(二)"穗智管"全方位助力城市演化和成长

依托 24 个应用主题汇聚的 30 多亿条业务数据、11 多万个感知设备、36.4 万路公共视频"天眼"、2 770 多个城市体征数据项,结合国家信息中心智慧城市发展研究中心的现代化城市体征评价指标体系以及广州城市发展特点和规律,探索形成了一套具有广州特色的城市运行指标体系,从经济发展、文化建设、交通便捷、生态环境、医疗健康、社会保障、公共安全、党建政务 8 个维度、35 个领域、

50项综合指标、161项分解指标,运用大数据分析、算法等方法,既从宏观把握城市运行走势,又从微观具体问题剖析,全时域、全景式把脉和诊断"城市生命体征",建立起城市"秒级监测、智能预警、每月体检"的城市运行效能评估机制,促进城市科学演进和成长成熟。

 实施成效

(一)"穗智管"实现了跨部门的关联协同

为破解城市综合治理难题,通过技术融合、数据融合和业务融合,"穗智管"以"小切口"驱动"一件事"高效解决,重点解决跨部门、跨区域、跨行业治理问题,探索综合应用场景的高效治理方案。

(二)"穗智管"实现了跨层级的关联协同

通过融通和整合"穗智管"市级平台与各区"令行禁止、有呼必应"、网格化系统等综合应用平台建设11个区的"穗智管"区级分平台,打通市、区、街镇及村居(网格)的数据链路和业务链路,实现对城市运行事件快速响应、高效处置,为街镇、网格提供联动支撑,形成"两级平台(市、区)、四级管理〔市、区、街(镇)、村居(网格)〕"的治理架构,促进市区两级城市管理事件数据良性双向反馈、双向赋能,完善市域数字化治理体系,激活基层"大联勤、大联动",提升各层级决策、管理和服务水平。

(三)"穗智管"提升城市敏捷度

运用融合通信迅速拉通各相关部门、区、镇(街)联合会商部署防汛工作,连通上下、衔接左右、协同处置,做到"事前预警预报、事中应急指挥、事后分析总结"的全过程管理,改变了过去依靠人工线下单向指挥调度的方式,向集信息全量汇聚、全时段监测预警、精准决策分析、线上线下协同、联合值守于一体的敏捷化综合指挥调度转变。

(四)"穗智管"提升城市智慧度

通过建立警报信息的关联分析,实现对城市交通、基础设施、公共安全、生态环境、社会经济等重点领域运行状态的预测预警,启动相应的应急预案,做到城市运行管理由被动应对向实时监测、快速预警、主动预防转变,实现安全风险"可预判"。同时,以城市大数据为基础,深度挖掘城市运行大数据背后的规律特点,用数据分析和仿真预测为城市管理提供决策支持,提供优化资源配置方案,实现决策实施"更精准"。

案例十　山东省临沂市:"无证明城市"系统建设项目

治理举措

按照"一事一议、一项一策"的原则,在部门联合论证、风险评估的基础上,通过"五个一批"(直接取消一批、数据共享一批、证照替代一批、告知承诺一批、部门核验一批)方式,因地制宜精准制定清理措施,通过完善三个平台、围绕两类场景,实现数字化支撑、强化社会化应用。

(一) 三个平台

一是电子证照服务平台。拓展电子证照系统加盖电子印章和电子签名等功能,全面推进新增结果证照和历史结果证照归集,推动电子证照"应归尽归"。上传省电子证照系统电子证照 380 类 2 230 万余个,种类、数量均为全省第一。

二是电子印章服务平台。建设电子印章服务平台,推动各类电子证照、证明、文书应用电子印章。目前,市县两级共申领电子印章 1 590 枚,实现政务服务部门全覆盖;市县两级共调用电子印章 678 万次。

三是市大数据一体化平台。建设人口、法人、地理空间等六大基础库,汇聚 12 个县区 41 个部门 2 108 项信息约 27.3 亿条数据;推进政务信息资源共享开放,市共享交换平台发布资源目录 8 556 个,库表 8 346 个,数据接口 136 个;市公共数据开放网开放数据量 1 亿条,为数据共享赋能提供有力支撑。

(二) 两类场景

一是打造进入公园景区场馆应用场景。全市各景区、景点以及科技馆、图书馆、博物馆等普遍应用电子身份证等电子证照,市民通过"爱山东"APP 亮码即可进入景区、场馆,享受景点信息查询、景区游览导航等服务;老年人、教师、医生、残疾人等群体可通过亮证亮码享受优惠政策;城区及部分县区图书馆实现凭电子身份证或身份证号办理借阅业务。

二是打造水电气暖业务办理应用场景。完成水务、电力、热力等系统与省市电子证照系统对接，企业群众以电子亮证、亮码、授权、数据共享等方式提供电子证照证明，即可办理水电气暖开户、过户、缴费等业务。

 实施成效

(一) 群众办事更加便利

有效清理身份证、营业执照、不动产证等110余类证明事项，市县两级7 709项高频事项已实现证明事项免提交，预计年免提交材料20余万件。围绕个人服务打造了群众"无证明城市"应用场景，有效减免了群众办事时需要提交的身份证明、体检证明、社保证明、职业资格证书等203个证明材料。例如，教师资格认定"掌上办理"。

在"爱山东"APP打造教师资格认定线上确认板块，打通数据壁垒，强化在线核验，推动中国教师资格网学历和普通话等级等数据、教师认定体检数据、户籍信息数据自动抓取，实现了申请人办理教师资格认证"零材料"办理，2022年共计完成掌上确认8 905人次，免提交各类证明材料50 000余份。

(二) 市场主体活力进一步激发

围绕法人服务打造企业"无证明城市"应用场景，有效减免了企业办事时需要提交的营业执照、验资证明、场所证明等5 203个证明材料。例如，企业开办全程电子化和经营场所证明告知承诺制。企业开办涉及税务、人社、医保、公章刻制等领域所需业务数据均依托系统线上流转，申请人无须再拿着证明来回跑、多头跑，推动企业开办8个事项合并为1个环节0.5个工作日办结。企业开办的便利化措施有效提升了市场主体活力，全市市场主体总量达到131.2万户，同比增长30.9%；其中，新增市场主体31.7万户，同比增长20.8%。市场主体总量增速和新增市场主体增速分别居全省第一、三位，分别高出全省平均增速13%和29%。

(三) 政府智慧化服务水平大幅提升

推行"无证明城市"建设不仅是方便企业群众的重要举措，还是对政府智慧化服务水平的一次重大提升行动。无证明城市信息核验系统,有效打破了"数据孤岛""信息烟囱",充分挖掘数据价值,共计汇聚国家、省级开放的各类数据、证明公共查询渠道以及省级各类数据库、主题库 170 类 1 200 万条数据,实现 75 类电子证照、10 类数据证明和 72 类部门间的协同应用,85 项证明事项实现数据共享,改变了数据"躺在库里睡大觉"的窘境,让数据真正活起来、用起来,数字赋能作用进一步凸显,助力加快建成智慧化服务型政府。

第四节 数实融合解锁智能社会

案例十一 北京市(通州区):智能交通信号控制系统

治理举措

通州区升级改造建成的智能信号控制系统,是将点连成线、成片、成面,通过在路口设置的自动检测设备实时检测车辆交通流量数据,而后系统根据车流量大小自动优化、调整路口信号灯配时,其对路口信号的优化调整,使信号转换更加符合路口车辆通行的实际情况,做到通行能力最大化、交通延误最小化。

针对易发生路口拥堵、四个方向均难以通行的现象,特别增加了交通信号优化系统。该系统可以通过检测路口下游(由北向南方向)50 至 90 米范围处,车辆即将排满时,将信号灯自动切为红色,南向北仍为绿灯,通过信号的优化来缓解交通拥堵情况。此次改造工程首次采用了人工智能技术。

通过高德数据实时掌握路口及路段"红、黄、绿"三色交通状态的变化,信号策略分析团队以此为参考并结合实际的交通流量及时下发配时方案,缓解路口及路段的交通拥堵,实现点、线及区域协调控制。

通过视频流量检测器采集的每个方向、每条车道的交通流量,及时全面掌握全区各路段、各时段交通流量情况,为准确计算路段通行量及道路饱和度提供有效数据支撑。根据掌握的各项基础数据进行科学分析、精准配时,形成多时段、多方案的配时方案,将各种交通设施资源调整到最优配置。

实施成效

通过智慧的交通信号控制,城市副中心155平方千米范围内平均车速提高了15.6%,城市主干道通行时间缩短了32.5%,停车延误降低了36.2%。在此基础上,通过区域信号配时自适应优化,结合流量检测器数据与互联网浮动车数据,对比优化前,干线通行平均停车次数减少了0.33次;早高峰平均停车延误降幅为8.99%,晚高峰降幅为7.37%。

该控制系统实现了全区交通信号灯联网联控,同时开展重点路口信号策略分析,不断优化信号配时,实现动态绿波、自适应调整、实时监测等六大功能,全面提升交通管理效能。

案例十二 重庆市(江北区):智慧城管4.0

治理举措

智慧城管4.0的建设理念体现在"三对标、一规划"。

(一) 对标高质量发展的要求

依托智慧城管平台构建涵盖跨专业统一感知网、跨行业统一指挥调度体系和跨领域网格化整合管理的新一代智慧城市管理体系。

(二) 对标高品质生活的要求

深刻理解"人民至上、生命至上"的内涵,坚持以人为本的发展理念,突出"智慧城管+马路办公",下沉网格、服务群众,探索创新公众满意度测评方式。

(三) 对标高效能治理的要求

依托平台能实现城市综合管理问题的及时预警、全面发现、精准定位、快速处置、智能跟踪和科学评估,整合便民服务站、社区党群服务站等阵地,落实基础数据、事件采集、便民服务和矛盾纠纷排查化解等具体任务。

(四)规划区(县)级智慧城市运行管理标杆

参与数字化城市管理系列国家标准编制,主导《智慧城管部件物联导则》《智慧城管信息系统技术规范》两项重庆市地方标准编制。全面构筑起集"全域感知、统一指挥、数据支撑、智能应用、科学决策、共治共享"为一体的智慧城市运行体系。

实施成效

(一)智能感知更加精准

在全国率先孵化视频智能识别技术行业应用,常见问题准确率达90%以上,实现对城市"看得见"的问题智能办理。摸清全区近100万个城市部件的家底,部署部件物联智能感知监督系统,对2万余处井盖位移倾斜、水位流量超限、树木倾斜、路灯单灯控制、危险源监测、桥隧坡监测等重点点位和区域进行全天候实时监测,实现对"看不见"的问题智能感知,大幅提升城市管理非现场监管智能化水平。

(二)协同管理更加高效

建成投用全市首个智慧城市运行管理实体——重庆市江北区智慧城市管理中心,整合共享公安、住建、森林防火、河长制等2万余路行业视频资源,建立全市首个智慧城市治理精细化管理标准,将社会治理、安全生产、文明城区、公共服务等领域纳入城市综合治理范畴,形成"跨层级、跨地域、跨系统、跨部门、跨业务"的管理模式。

(三)服务群众更加贴心

智慧城管4.0依托大数据、智能化、人工智能等信息化手段,实现对城市公共部件设施状态的实时在线监测,智能预警,全力保障了群众的生产生活安全。升级"江北百姓城管"微信公众号,实现对公厕、停车场、公园、街头座椅等服务设施的查询及自动导航,让市民生活更加便利。通过搭建全业务融合平台,即时、全量地搜集群众诉求,推行便民惠民利民新举措,利用语音识别技术,增强群众体验感,群众发现问题后只需像微信一样简单进行语音说明,就可以自动生成问题信息,群众参与度较以前更高。

案例十三 广州市：智慧照明管控平台

治理举措

对超大规模复杂照明系统运行规律与内在机制进行研究后，广州市提出了资产图谱治理模式。

该模式聚焦电箱在照明设备管理全链条中的核心功能环节、关键枢纽设备作用，发挥电箱贯通带动效应，强化电箱管理人责任，构建数字化、网格化、可视化、资产化管理的智慧照明管控平台，建立整体高效、精准维护、系统治理的工作机制。广州市以电箱为基准单元、基础网格，整合全链条设备实现系统耦合、推动要素集成、创建资产图谱。

该模式关键在"电箱"，主体在"电箱管理人"，目标在"治"。基于资产图谱构建精细化管理体系的智慧照明管控平台主要包含5大核心功能，即全要素资产谱系、全周期闭环管理、全链条在线监控、全维度自动考核和全数据整合应用，从资产从属、空间秩序、数字应用、功能协同和责任划分等维度出发，重新构建逻辑统一的照明管理格局。

实施成效

（一）形成系统性、秩序性的照明治理格局

广州市对电箱下端全链条设备进行24小时的状态监控，精确监控电箱及其回路运行，部分场景也在尝试探索精准到单灯控制和故障自动反馈，全面掌握照明设施运行情况。以电箱为基准单元整合全链条设备形成基础网格，以电箱管理人为责任主体负责单元内全域管理，以电箱为枢纽节点设备进行横向连接绘制照明网络图谱，将"点（箱）、线（回路）、块（网格）、面（区域）"融合为一个有机整体，让广州市形成了系统性、秩序性的照明治理格局。

（二）照明资产管理迈向精准有效的数据时代

资产图谱治理模式强化了电箱责任主体，构建了海量数据生产体系，畅通数据自动流转路径,建立数据闭环处理流程。海量数据在生产端、执行端、管理端三者之间源源不断地循环流转,形成所有端口即是数据生产者,又是数据应用者的状态,推动全数据整合应用。智慧照明管控平台充分激发了数据的生命力,精准监控、灵敏感知照明系统空间秩序、功能从属及日常运行状况,精细化管理照明设备。通过数字化技术,照明资产管理迈向了精准有效、完整及时的数据时代。

案例十四　深圳市：巴士集团智慧公交OD项目

治理举措

在基础设施建设方面,推动数字物联化智能设施应用,打造企业智能数据中心,全面感知人、车、场、站、桩等生产状态,安装车载智能化设备、智能充电桩、场站智能设备、智能调度系统等基础设施应用,实现全生产要素数字化设备全覆盖。同时,建设公有云、私有云相结合的混合云架构公交云平台,实现各类业务分类上云。

在平台和系统建设方面,深圳巴士集团基于统一数据标准,打造各类智慧应用系统,构建数字化应用基础平台。围绕核心业务构建了智能调度系统、服务质量管理系统和安全查控等19个生产运输类应用系统；围绕办公管理、人力资源、财务管理及其他领域建立了21个管理业务系统；围绕企业决策和可视化构建了2个应用系统；实现了公交企业业务数字化全覆盖。

在数据开发利用方面,建立以"公交数据模型"为核心的数据治理体系,整合集团运营台账、车辆综合信息、客流数据等数据资源,对接交通局出行数据、互联网出行数据等数据资源,充分应用大数据分析技术,实现公交运营多维度动态分析与综合管理。

应用大数据、5G、人工智能、物联网等新型技术,搭建一个公交数字化平台；与鹏城实验室等企业开展深度合作创新,打造安全预防、协同运输、精准服务、数字管理、智慧决策和业态创新六大数字化能力；建立"网络安全、智慧运维、数字化治理"三方面保障,实现企业管理精益化、客户服务精准化和数字业态创新化,在安全、营运、服务和成本管控等方面均取得明显的业绩提升,为公交行业数字化转型提供了先行示范模板。

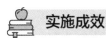

实施成效

(一)科技强安,安全管理向主动预防转型

深圳巴士集团依托数字化转型,构建全链条智能安全管控平台,实现管控模式转变。在行车前,以岗前报班智能系统为抓手,对驾驶员酒精、血压、身体精神状态进行检测;在行车中,采用智能 AI 识别技术,自动化对驾驶员疲劳驾驶与不良驾驶行为、行车重点风险点进行实时预警、重点监控及闭环管理。

(二)智能调度,运输管理向智能协同转型

深圳巴士集团依托数字化转型,打造智能调度平台,营运效率大幅提升。这实现了车辆位置、路线等数据实时采集,感知乘客出行需求,协同车辆剩余电量、充电桩位置,基于 AI 智能算法,自动生成行车时刻表,大大提升了车辆利用率和客运量。

(三)智能分析,乘客服务向精准体验转型

深圳巴士集团依托数字化转型,打造精准公交,提升乘客体验。深圳巴士集团与华为公司合作率先推出全国首个"5G 智慧公交车队"、首个"5G 智慧场站"、首个"5G 智慧线路",日均覆盖 1.2 万乘客。2020 年,深圳巴士集团深化 5G 公交场景应用,开展 5G 科技旅游巴、5G 北斗精准巴士、5G 驾驶员健康管理等项目,利用 5G 实现全链条精准管理,助力公交运营管理全面提升。同时,推动车上三牌、电子站牌、语音预测播报联动,推出"乘客乘车舒适度"查询系统,实现公交车动态信息查询、车辆拥挤度、乘车跟踪、换乘建议等功能。

(四)拓展新业态,提升数字业务占比

深圳巴士集团依托数字化转型,推出"互联网+"随需而至定制巴士,打造"MaaS"智慧出行新业态,实现公交与轨道无缝对接。拓展"新能源"智慧充维新服务,构建充电桩生态开放的 APP"充电在手",解决新能源车辆司机充电痛点。

案例十五　天津市（河西区）："阳光食品平台"

治理举措

阳光食品平台锚定"以智慧化手段提升市场监管效能"的目标，按照"注重预防、全程监管、联合惩戒、信息公开、社会共治"的监管理念，构建了面向监管部门、食品经营主体和社会公众"三位一体"的"互联网＋明厨亮灶"智慧监管平台。

该平台设立了监管端、商户端和群众端三个应用终端，涵盖指挥中心大屏、电脑 PC 端和手机 APP 端。平台设十大系统模块，借助人工智能、云计算、大数据分析等技术手段实现监管的数字化、信息化和智能化。

同时设置食品安全信息地图，展现全区不同业态餐饮经营者的分布位置，并能够看到全区进口冷链食品经营者分布情况。在地图上点击"视频监控"按钮，就可以直接看到已安装视频监控的餐饮经营者分布情况及实时影像。

实施成效

（一）平台覆盖范围广

目前已接入 1 055 户社会餐饮商户的操作间视频监控信号，实现了对天津经开区全部工地食堂、大中型餐饮、集体用餐配送单位等特殊业态的 24 小时实时监控。

（二）形成了较为完整的市场主体画像

监管系统包含了前端感知子系统、AI 分析子系统和面向监管干部、商户、社会公众的三端 APP，共三大子系统，可实现对商户基础信息的维护，环境卫生、加工操作行为的智能识别，违规行为的自动抓拍与预警，食品安全法律法规培训，舆情监测，线上巡查、食品追溯、整改跟踪等数字化管理。系统同时实现了登记、行政许可（备案）、年报、行政处罚、检查记录等信息的归集。

案例十六　成都市（高新区）：无人航空数字治理

治理举措

首创"FaaS(Fly as a Service)，飞行即服务"模式，以"无人机飞行服务＋SaaS平台＋AI算法＋实景三维数字孪生底座"，为用户提供集无人机飞行、时空大数据处理、智能分析应用于一体的无人航空数字运营服务。该模式以前端感知源为基础、以人工智能中台为核心、以飞行资源管理调度为依托、以实景三维数字孪生底座为应用，构建了城市级的无人航空运营体系。支撑这一套运营服务体系的，是携恩航空自主研发的两个 SaaS 平台：Avigator 领航者和 Shine Meta 光耀元。

（一）Avigator 领航者

领航者是无人航空数字运营一体化平台，由飞行资源管理调度平台、无人机场景 AI 应用平台、可视化指挥调度大屏和飞行服务队客户端等部分组成，涵盖无人机飞行运营服务，从空域管理、设备管理、人员管理、任务管理、调度指挥、数据采集、数据处理、成果交付到智能应用的全流程。该平台兼容大疆上云 API，可以接入大疆等主流无人机的飞行参数和视频等数据，还可以对接大疆、星逻、复亚等无人机全自动机库的管理平台，不需要二次开发。

（二）Shine Meta 光耀元

光耀元是以 GIS 为基础的实景三维数字孪生可视化平台，致力于为用户快速、低成本搭建数字孪生底座，提供数据管理、标注标绘、空间量算、路径规划、统计分析、动态跟踪、多期对比、可视化大屏等实景三维模型与 GIS 相结合的数据智能应用。

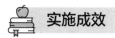

实施成效

（一）自主研发的疫情防控平台，已应用于常态化疫情防控的多个场景

无人机＋数字孪生社会治理平台具备疫情防控指挥调度功能，结合毫秒级的低延迟传输技术，将前端多路无人机拍摄的封控区巡查画面，通过平台的飞行直播功能，进行实时回传，给指挥中心动态掌握情况提供信息支撑。除此以外，

平台以厘米级精度的实景三维地图为底座,可实景还原封控区全貌,并将封控区的重要信息,比如人口、楼栋、重点人员等快速录入平台进行可视化展示。通过平台提供的上述信息,疫情防控指挥中心可全面、动态、立体地掌握封控区内的详细情况,高效精准地进行分析和研判,对疫情防控进行有效部署和动态调整。

与之配合,携恩科技政务飞行队的队员们闻令而动。高空消毒、广播宣传、空中巡查、物资运输、红外热成像体温测量……都是他们用无人机助力防疫的"花式应用"。据统计,自2020年新冠肺炎疫情首次暴发以来,携恩科技先后为6个市(州)、12个区(市)县执行疫情防控相关任务,累计出动任务上千次,服务群众超过百万人次。

(二)新场景示范新模式,助力打造成都高新"智慧大脑"

FaaS模式已在"基于无人航空数字一体化运营系统的城市智慧治理应用场景"中得到应用。该场景落地于成都高新"智慧大脑",是"智慧大脑"的一部分。它建立了统一收集、综合协调、统一下发、集中管理的无人机政务飞行运营机制,使高新区内各委办局和平台公司的政务飞行需求都得到了有效统筹和及时响应,避免了重复建设造成的资源浪费,并且有效地提升了数据的共享性,三年时间预计可以节省财政资金1 000万元以上。

第五节　资源环境领域的数字治理

案例十七　中山市:"互联网+环保"智慧监管新模式

治理举措

以"智慧"重塑"业务",构建起中山环境管理的"最强大脑"——智慧环保系统,建立起全省首个"线上生态环境局",创新探索出"互联网+环保"的智慧监管新模式,以数字化、信息化、智慧化赋能城市建设管理。

智慧环保系统以统一规划、统一网络、统一架构、统一规范、统一运营为总体方针,依托中山市政务云平台与政务大数据中心,打通环保专网、政务内网、政务外网、互联网,建设完成了目前具有"一库、三平台、一展示、一门户、三体系、大集成"的统一系统。其中,"一库"为中山生态环境专题库;"三平台"为大气污染防治平台、污染源全生命周期管理平台、土壤环境综合管理平台;"一展示"为中山市生态环境综合展示系统;"一门户"为综合业务门户;"三体系"为生态环境标准规范体系、安全保障体系与运行维护体系;"大集成"为集成历史在用信息化系统。

实施成效

(一) 智慧环保系统实现了生态环境一网通

结合物联网、云计算、大数据等新兴技术以及生态环境前沿研究成果,让物联网终端代替人值守,让大数据代替人跑路,让科技辅助人决策。

(二) "生态环境一网通"首先实现了数据通

系统汇聚国、省、市、科室 64 个子系统的数据,厘清错综复杂的数据关联关系,实现数据标签化、资产化。

(三) 智慧管控精准治污,污染溯源一目了然

中山智慧环保系统在完善大气污染防治功能的同时,加载了污染源全生命周期监管、土壤环境综合管理等多个平台,不断拓展线上监管范围,加强了非现场执法能力,实现了精准管控。大气平台构建了"片警"+"巡警"+"特警""三警合一"大气监管体系,运用多模式空气质量模型算法研判和多源数据融合分析,实现了大气问题的精准预报、精准溯源,并对大气环境治理问题实现了全面感知、智慧研判、精准管控和成效评估的测管联动数字化闭环管控。

案例十八 海南省:"浪潮智慧水利"

治理举措

(一) 构筑智能感知网,实现全面互联

浪潮构筑了一张"天空地一体化"的全面感知网及统一物联网管理平台,并

在已有感知站点的基础上,集约化布设终端感知设备,充分延伸对灌区的流量、水位、闸控等多要素数据采集,构建立体监测、统一接入、统一运维的水信息感知体系,最终实现"少人值守、无人值守",更全面地支撑业务应用。

(二)建设大数据中心,构建基础底座

浪潮搭建内容全面、标准统一的水务信息资源目录,并完善了数据更新机制,建成了一个标准、完整、权威、共享的水网大数据中心,最终实现数据直观、可视化展现,达到数据集约化目标,有效避免重复建设、消除信息孤岛,为各个部门各项服务提供数据整合和信息共享的服务。

(三)打造智能中枢,激活数据价值

浪潮对现有海南水利业务系统资源进行流程再造和业务优化,建成集算法中心、模型中心、遥感影像数据处理中心、视频图像分析中心为一体的水网智能中枢,作为水网智慧能力支撑平台。

水网智能中枢通过搭建包括水网智能训练支撑平台、水网模型算法服务、水网遥感影像服务、水利易搜(知识图谱)等智能使能服务,为海南水务工作提供预测预报、工程调度、辅助决策等分析与挖掘的计算能力,为涉水业务的智能化应用提供有效智能支撑,结合水网大数据中心,运用大数据分析技术,实现对水库、水闸等站点的智能化操控,最终促进应用智慧化。

 实施成效

(一)数据可视化,提供完整信息整合

整合治理的雨水情数据叠加对接的气象部门1公里网格预报降雨数据,有效助力了防汛防旱、水利工程安全运行等各类业务,在海南省第一大水库——松涛水库中,现已结合水库预报调度模型,实现了松涛水库的水文预报及预警。同时,针对整合的水务系统内部系统,梳理了各类数据间的关联关系,水从哪里来,水到哪里去,在防汛防旱业务中集中展示全省的雨情、水情、旱情态势,在水资源和城乡水务业务中全面分析掌握了全省水资源蓄水、取水、供水、用水和污水等一系列水的情况。

(二)描绘一张图,整合业务资源

海南省水网打造的"可观、可感、可控、可知"的一张图整合了多个业务部门的自有数据,将区域内河流、水库、水闸、泵站、视频监控等要素数字化,结合测绘部门提供的影像地图打造全省水务数字化一张图,并建成集水文、水务、水环境、水生态等于一体的综合监测站网,实现重点领域全过程、全要素监管,支撑各项业务的空间化指挥分析。

(三)丰富数字孪生场景,探索模拟仿真调度

数字孪生松涛水库实现水工建筑物实景化、库水面实时涨落、闸门启闭动态同步展示,建设工程安全智能分析预警、巡查管护等业务应用场景,同时,根据松涛水库控制流域各河流自然属性和灌溉、供水、防洪、发电等需求,构建了覆盖松涛水库控制流域预报断面的洪水预报、中长期径流预报及工程调度方案,为松涛水库提供高效、准确、及时的水文信息,进而为供水与灌溉调度、防汛调度、应急调度、综合调度管理提供科学的决策依据。

案例十九　广东省东莞市:数字生态建设美丽圩镇

治理举措

(一)针对信息系统功能单一、业务支撑能力薄弱等问题,搭建信息化管理平台,完善信息共建共享机制

东莞市为解决以上问题,平台项目以环境质量提高为目标导向,建立大气污染防治综合管理平台,完成大气环境管理专题数据汇聚;实施蓝天保卫战挂图作战,实现空气质量数据、气象数据、污染源信息、污染排放监控数据等共享共用。

(二)针对移动源贡献率凸显、治排溯源支撑不足的问题,实施污染源在线监控措施,加强对重点源的有效监管

随着东莞市汽车保有量的快速增长,机动车排放污染在大气污染中的比重逐年升高,如何追溯超标排放机动车成为环境监管部门的首要难题。为解决以上问题,平台项目通过建立东莞市污染源在线监控平台,构建覆盖全东莞市的大气自动监测网络和东莞市环境空气质量预报预警系统。

（三）针对"数据孤岛"现象严重，数据应用开发程度不高等问题，加强生态环境精细化管理，提升决策分析水平

东莞市生态大数据智能监管应用与数据管理平台项目通过建设生态数据管理平台，采集、汇聚局内所有业务系统的数据信息，打破传统的系统壁垒，消灭数据孤岛，实现各业务系统的数据共享共用；依托生态数据管理平台，实现与东莞市政务数据大脑的互联互通，加强与外部数据的互联互通，夯实数据基础。

实施成效

2021年，相关部门利用该平台进行大气治理应急50余次，平台自动监测并精准研判超2 000余起，智能分析预测预警空气质量超150余起。通过平台的建设和使用，将原东莞市污染全年天数80天（2019年）降低为48天（2021年），下降幅度约40个百分点；原单一污染源空气质量超标事件从发现到关闭平均12小时以上降低至现在的平均3到4小时。通过利用该平台的海量数据以及大数据智能分析技术，较好地实现了科学的预警预报和精准防控。因平台成效显著，现已入选广东省数字政府基层应用建设试点。

案例二十　威海市：海/空卫星全息智慧渔船定位监管系统

治理举措

（一）综合管理，精细管控

系统便于管理者通过大屏进行实时监测，渔船数量、渔船运行状态、港口现状等信息，对现有渔船、捕捞船、垂钓船和特种船只进行全面梳理和科学管理。同时，针对特定船进行从出港到回港的全生命周期航行监控，实现渔船的精准管控。

（二）闭环管理，责任落实

系统中对每个渔船的相关责任人都具体到单个负责人，当发生报警时，可将信息即时推送给相关责任人和渔业科负责人进行核实处理，实现信息全覆盖、责

任落实到个人的闭环管理体系。

（三）自由配置，全天候预警

渔船预警信息可以根据实际情况对回传时间、报警信息类型进行定制，确保回传报警信息的真实可用。渔船定位设备 24 小时在线，报警信息实时传递到负责人客户端，实现全天候监控。

（四）无人救援、自主巡航

无人救援系统对接海上救援无人船设备，将渔船定位信息实时共享给智能无人船操纵系统，实现了从求救到救援的无缝衔接，减少了突发事故的反应时间。在日常管理中，无人船、无人机可以根据提前设定好的巡航计划无人巡航，同时回传航行视频，回传的画面可以通过软件自动分析，实现自动巡航。

（五）数据融合、综合预警

系统对接海上天气信息，与渔船定位大数据进行对比分析能够准确快速地筛选出需返航船只所在位置和实时情况，将预警信息推送至相关人员，减少因恶劣天气造成的人员和财产损失。

实施成效

海/空/卫星全息智慧渔船定位监管系统通过科技化手段提高了监管的科学性和准确性，提高了渔民海上作业的安全性，同时也解放了大量人力资源。

（一）加快设施建设，提升智慧化监管水平

规范进出港报告，通过系统实现自动进出港登记，包括船舶信息、船员信息、进出港报告、进出记录查询等功能；升级船载设施设备，加大渔船海外作业安全智能防护和监管力度，更新升级 AIS 避碰设备和北斗系统，严厉打击渔船违规行为。

（二）完善平台搭建，提供便民化服务措施

打造船舶管理数据中心，每周维护更新，提升船舶管理效率；创新审批模式，以渔民需求为导向，实现渔船拆解"一件事"全流程"最多跑一次"，以及渔船检验、登记和捕捞许可的"三证联办"；加强渔船动态监管平台运用，24 小时关注渔船位置、作业状态和航向航速，对触发系统自动报警的情况进行实时提醒，增强渔船海上作业安全保障。

（三）建立联动机制，形成长效化监管模式

重组区、镇街两级渔业安全指挥中心，建立健全指挥联动、信息互通等配套机制，增强县渔港渔船安全救助信息中心人员力量，实行领导干部值班制和不定期督查；整合海事、港航、公检法等执法力量，组建联合执法大队开展设卡检查和海上执法，同时推动执法力量下沉，成立渔业镇街执法中队，严格港口岸线检查，重点打击无证驾驶机动船舶等违规行为；落实常态管理，组建渔业安全管理服务公司，统一实施管理服务，促进渔业生产规范有序运行。

第六节　市域治理与社区治理探索

案例二十一　上海市（普陀区）：社情民意感知平台

治理举措

普陀区社情民意感知平台划分为大屏展示和后台管理两个子系统。前台一个主屏和三个分屏，分别为热线分屏、网格化分屏、社会面数据分屏。此外，各街镇按权限进行数据的同步展示。

（一）可视化主屏

主屏包含热线运行状况预览、城市运行体征监测（市民热线）、网格数据概况、城市运行体征监测（网格上报）。其中，城市运行体征监测（市民热线）和城市运行体征监测（网格上报）分别就热线和网格的常态事项、重大事项、突发事项的事项类型和工单数量进行展示，同时以热力图和点状图撒点的形式分别在地图上对应位置进行落点交互。

（二）可视化热线分屏

热线分屏划分为整体概况描述、重点事项管理、基层治理要点、智能预警预判、智能监测五大模块，外加地图交互的功能支撑模块。

（三）可视化网格化分屏

可视化网格化分屏同热线分屏模块组成相似，包括网格运行状况概览、基层

治理要点、智能预判预警、智能监测、重点事项管理五个部分。

(四) 可视化社会面数据分屏

可视化社会面数据分屏共分为六个功能模块：社会热点概览、重点关注、爆料 & 问政 & 人民建议、社会热点聚合分析、热词聚合分析和社会热点监测。

实施成效

(一) 平台实现了热线与网格化城市运行概览数据一屏展示：实时监测热线及网格数据的日、周、月运行指数

重点事项全流程监管帮助业务部门对各类重点关注的事项进行全流程跟踪监管，实时监督执行状态，管控执行进度。有的放矢地将重点事件重点跟踪处理，合理地运用了政务资源。

(二) 智能预警预判协助业务部门对事态发展提前介入，以防减治，达到隐患问题挖掘预警、趋势预判和规律预判

系统对群诉事件、多发事件及多发事件的及时告警也极大地提高了业务部门的案件处置效率。常态分析及管理建议以智能化手段辅助城运中心，及时发现城市运行中的各类流行病症。

(三) 舆情数据与热线数据聚合分析，帮助业务部门把握舆论方向，积极维护社会秩序

平台除对热线数据的全面分析外，还支持通过舆情分析模块对社会舆论进行抓取与分析，多渠道数据融合，全面体察民情民意。该模块功能上线后支持城市运行管理部门及时发现与城市安全相关的舆情，分析、把握和预警各种社会隐患，并将分析结果提供给相关部门作为抓手，及时发现，防患未然。

案例二十二　深圳市：创智云城智慧园区

治理举措

在智慧园区实施阶段，创智云城围绕"基础设施集约化、业务管理数字化、设

备管理智能化、园区服务平台化"四大目标,系统建设了企业级 IDC 及私有云平台、运营管理平台、物联集成管控平台、能源管理平台、IOC 数据可视化平台,实现了园区运营管理全面数字化应用,有力地促进了园区绿色节能、降本增效。

(一) 大数据平台

智慧园区解决方案中的大数据平台通过数据的可视化汇总,为创智云城提供全面的园区数据分析。园区运营管理层可以轻松了解园区企业总数、服务事项、产业分布、招商引资情况等关键数据,通过数据分析建立正确的决策支持模型和决策体系,为园区的运营和管理提供科学依据。

(二) 智慧招商

智慧招商模块可以帮助创智云城建立招商项目动态库,实现招商工作的全过程科学化管理。园区管理者可以通过该平台追踪和管理各个招商项目的进展情况,及时掌握项目的动态和变化,提升园区的招商管理水平,吸引更多的优质企业入驻。

(三) 产业分析

解决方案中的产业分析模块包括企业管理和采集管理功能。通过数据分析和统一展示,园区管理者可以深入了解园区的产业情况、税收情况、入驻企业等关键信息。这为园区产业发展提供了重要的数据支持,帮助管理者制定科学的发展策略和决策。

(四) 智慧物业

另外,为园区搭建智慧物业管理子门户,展示物业总览、租签情况、物业费用缴纳情况等信息。通过智慧物业管理,园区可以全面了解物业管理的状况,提供更智慧化的物业管理和服务,提升园区的综合发展情况,为企业和公众提供更好的居住体验。

(五) 公众/企业端 APP

公众/企业端 APP 可以为企业和公众提供更多样化、便捷性的服务。企业可以通过该 APP 进行物业报修、会议室预约等操作,提高工作效率。公众则可以通过该 APP 进行场馆预订、智慧通行等操作,提升园区的服务体验。这样的 APP 将改善用户体验,提高用户参与度,加强园区与企业和公众之间的互动,促进园区高质量发展。

实施成效

（一）安全监管智能化

安全是园区管理的首要任务,智慧园区解决方案利用丰富的视觉算法,实现园区异常情况实时发现、事件自动报警和处置,相当于为园区配备了一名24小时在线的"超级保安",切实保障园区内人员和财产的安全。

（二）人员管理便捷化

云天励飞智慧园区平台支持人脸快速通行,可在园区内实现"一脸通",做到人员通行、考勤管理、访客管理、会议室预订"无感化",还可实现刷脸乘车、食堂刷脸消费,在提升园区管理效率的同时,提高园区服务质量和用户体验。

（三）物联感知全局化

园区通过建设全面感知的物联网平台,实现所有的智能化子系统以及物联网设备的集中管理、自动监测、自动控制、自动调节、智能联动。物联网平台可以实时收集园区内各种设备的运行数据,通过数据分析和挖掘,实现设备的智能调度和优化运行,提高园区管理的智能化水平,帮助园区实现节能增效。

（四）园区管理可视化

系统将园区各业务系统数据打通,完成数据汇聚和智能分析,结合3D建模、GIS技术,实现数据可视化展示,直观呈现园区各项运营状态。同时,为管理者提供运营、安全、能耗等方面的洞察与建议,提升园区智慧化决策水平。

后 记

在《数字治理概论》即将付梓之际,我心中充满了感激之情。衷心感谢上海立信会计金融学院国际经贸学院对数字经济系列教材的资助,特别感谢国际经贸学院的陈霜华院长,在本书的撰写过程中给予了宝贵的建议和无私的帮助。

同时,我也要向复旦大学出版社的朱枫编辑致以诚挚的谢意,朱编辑的悉心指导确保书籍的顺利出版。我还要感谢我的学生刘禹彤和刘雨阳,他们的辛勤付出为本书增添了丰富的实践案例,使得理论探讨更加贴近现实。

最后,还要特别感谢我的先生胡德勤博士,在我的研究和写作过程中一直给予我鼓励和支持,他的陪伴和理解是我笔耕不辍的动力。

在此,我再次向所有支持和帮助过我的人表示最真挚的感谢。没有你们的帮助,就没有这本《数字治理概论》的问世。

图书在版编目(CIP)数据

数字治理概论/周佳雯著. --上海：复旦大学出版社,2024.10. --(数字经济系列教材). -- ISBN 978-7-309-17583-7

Ⅰ.D035-0

中国国家版本馆 CIP 数据核字第 20240CB392 号

数字治理概论
Shuzi Zhili Gailun
周佳雯　著
责任编辑/朱　枫

复旦大学出版社有限公司出版发行
上海市国权路 579 号　邮编：200433
网址：fupnet@ fudanpress.com　http：//www.fudanpress.com
门市零售：86-21-65102580　团体订购：86-21-65104505
出版部电话：86-21-65642845
上海华业装璜印刷厂有限公司

开本 787 毫米×960 毫米　1/16　印张 9　字数 137 千字
2024 年 10 月第 1 版第 1 次印刷

ISBN 978-7-309-17583-7/F·3059
定价：45.00 元

如有印装质量问题,请向复旦大学出版社有限公司出版部调换。
版权所有　　侵权必究